极客网 FromGeek.com ·创客学院丛书

新媒体营销密码

开启全联接时代新思维

李海刚 著

電子工業出版社
Publishing House of Electronics Industry
北京·BEIJING

内容简介

在新技术驱动下，传统互联网正在发生一场彻底的革命与升级，一个无所不包、全智能的全联接时代正快速向我们走来。全联接改变了人们的交互模式，也打破了原有的营销生态！在全联接时代，我们需要用全新的视角去理解媒体、理解营销。营销传播渠道越来越强地呈现出多元化态势，简单、粗暴的广告效果已然日渐式微，而新媒体营销模式，凭借其独特的商业思维和执行技法，快速从边缘走向核心。

本书全面深入讲解新媒体营销的思维、战略、战术、方法和案例，让企业和新媒体运营商可以学到新媒体营销真本领。适合传统商业企业、电商企业、传统媒体行业转型，及新媒体行业运营、内容运营商等一般互联网从业人员阅读。

图书在版编目（CIP）数据

新媒体营销密码：开启全联接时代新思维 / 李海刚著．—北京：电子工业出版社，2016.9
（创客学院丛书）
ISBN 978-7-121-29734-2

Ⅰ．①新… Ⅱ．①李… Ⅲ．①网络营销 Ⅳ．① F713.365.2

中国版本图书馆 CIP 数据核字（2016）第 200125 号

策划编辑：**张瑞喜**
责任编辑：**张瑞喜**
印　　刷：中国电影出版社印刷厂
装　　订：中国电影出版社印刷厂
出版发行：电子工业出版社
　　　　　北京市海淀区万寿路 173 信箱　　邮编：100036
开　　本：787×1092　1/16　印张：12.5　字数：214 千字　彩插：8
版　　次：2016 年 9 月第 1 版
印　　次：2016 年 9 月第 1 次印刷
定　　价：39.80 元

凡所购买电子工业出版社图书有缺损问题，请向购买书店调换。若书店售缺，请与本社发行部联系，联系及邮购电话：（010）88254888。

质量投诉请发邮件至 zlts@phei.com.cn，盗版侵权举报请发邮件至 dbqq@phei.com.cn。

服务热线：（010）88258888。

丛书前言
preface

极客网创办于2012年，是中国首家专注于科技+金融报道的新媒体平台。邓小平曾说，“科学技术是第一生产力，金融是现代科技的核心”，极客网定位于科技+金融，正源于此。

极客网的极客不是狭义上的极客，而是广义上的极客精神：崇尚科技、自由与创新。极客网以推动广义极客精神为己任，极致报道、极致传播，为读者展现科技+金融交汇碰撞的魅力。

极客网的核心读者用户是中国新兴的创业创新的年轻白领一代，他们崇尚科技和自由，尊重努力与创新，正成长为中国的“新中产阶级”。

2013年，应广大读者要求，极客网成立了“创客学院”，向铁杆读者输出科技、金融领域最前沿的技术知识与市场资讯。在这里，大家人人平等，畅所欲言，谈技术、聊产品、说商业、品创意……谁愿意与大家分享交流，谁就是这个舞台的主角！

在开放、实战、创新、多元四大主线引导下，“创客学院”的内容既接地气又生动活泼，无论是嘉宾分享，还是听众互动都紧扣时代发展的主旋律，每次交流互动都堪称一堂前沿实战课。正因如此，“创客学院”的每次公开活动都人气爆棚，座无虚席。

在“大众创业，万众创新”的时代大潮中，“创客”也与“大众创业，万众创新”联系在了一起，特指具有创新理念、自主创业的人。“创客学院”的核心内涵随之迎来一次新的拓展，创业类内容也快速成为最受读者关注与喜欢的内容。

经过三年高速发展，“创客学院”的知识体系日益丰满，几乎覆盖了TMT创新的全领域，包括：新媒体、市场营销、创业创投、信息技术、科技金融（Fintech），等等。越来越多的人因来到极客网的“创客学院”分享交流而受益。极客网·创客学院丛书正是在这样的大背景下诞生。

这套丛书由极客网与电子工业出版社联合出版，所有内容均由极客网创始人李海刚先生主抓，精选“创客学院”中最受关注的内容，实战性与前瞻性兼具。诚如极客网总编辑朱飞所说，极客网·创客学院丛书，是一套精准把握科技+金融市场发展脉络的精品图书，值得所有创客参考、阅读。

展望未来，未来已来。极客网·创客学院丛书与您一起成长！

极客网·创客学院丛书 编辑部

2016年7月30日

序言

preface

过去，人们交换名片后总会说，“保持联系”，然后就没有了然后。今天，人们直接掏出手机，或扫一扫，或摇一摇，联系瞬间建立。

1999年，社会关注的是“72小时网络生存测试”；2016年，社会关注的是“72小时无网络生存测试”。一字之差，天差地别。

这是一个什么样的时代？若狄更斯还在世，也当变换说辞，“这是一个全联接的时代。”

毫无疑问，联接是这个时代最大的特征，也是最大的红利。圈圈叠叠的关系链，串起了我们日常生活、工作的点点滴滴、方方面面。

在全联接的背景下谈新媒体营销，是一件很艰难的事，因为人人都有发言权，人人都可以挑刺。

什么是新媒体？

曾几何时，当网络门户诞生时，人们说，“新媒体来了”，电视、广播、报纸、杂志这些传统媒体将成为过去。

当博客、论坛、视频分享网站、社交网络、“双微”自媒体、视频直播纷至沓来时，人们都会说一次：“新媒体来了”。此时，连网络门户也变成了传统媒体。

新媒体的界定，从来都是你追我赶、与时俱进。不变的是，新媒体每进一阶，人们的联系程度就越紧密。

因而，新媒体营销的玩法，也是你追我赶、与时俱进的。一年前的类似书名的书籍，今天或许已经过时。

新媒体营销什么？

本书作者，我的朋友李海刚，在年初决定结合自己多年的甲方乙方经验撰写本书时，就曾询问我想看一本什么样的新媒体营销书籍。我当时毫不犹豫地说，两个重点：一、跳出时代限制，透过现象写本质，要具备穿透力；二、授人以鱼不如授人以渔，与其传递经验教训，不如涤荡思维。

用一个下午读完成稿后，我觉得作者书中的内容十分符合我的期望。看完之后，我根本记不住一招一式，但又觉得满脑子激荡起伏。这情景，有点张无忌学太极剑的意思。

我同意本书的看法，新媒体营销是内容和渠道的统一，将好的内容通过好的渠道释放出去。问题在于，内容五花八门，渠道数不胜数，其核心又在哪里？一切还得从最基本的商业法则说起。

技术变革和用户习惯改变，永远是推动商业进步的两大核心因素，同时两者之间又有相辅相成、互相促进的关系。

从单向接收到双向互动，从被动接受到主动获取，从围观别人到主动制造，内容生产和传播方式的变革背后，是用户行为习惯的改变。古语有云，“人生七窍，每窍必淫”（这里的淫是享受的意思），用户行为习惯的改变，归根结底是为“双眼”、“双耳”、“双鼻”和“一口”谋取更好的福利而已，内容也需投其所好。

从印刷到广播到电视，从互联网到移动互联网到物联网，技术的变革对应着渠道的变革，是技术给内容插上了轻舞飞扬的翅膀，突破时空限制飞向用户的每一秒碎片时间，每一片方寸之地。

未来，人工智能、VR/AR这些新技术，搭配上相应的好内容，还将把用户带向更加美妙的“诗和远方”。

最后，我认为这本书适合以下几大类读者：

一是企事业单位的负责人及高层，特别是那些还未用上新媒体营销的“传统企业”，毕竟，自上而下的变革是最容易成功的；

二是新媒体营销的从业者，包括甲方自己的营销人员，以及公关公司、营销公司、媒体等乙方人员，当然，对新媒体营销有一定实践和理解的人读起本书来会更受用；

三是其他一切对媒体、营销，以及我们所处的这个全联接时代感兴趣的人，都可以从这本涤荡思维的书里读懂新媒体、看懂新格局、激发新思维。

极客网总编辑 朱飞
2016年7月30日

前言

preface

互联网，尤其是移动互联网的快速发展，给人们的工作、生活带来了极其深远的影响，它不仅全面地改变了个人的思维模式，还深远地影响着社会各个群体的协作方式与结构。近几年，大数据、物联网、云计算大行其道，5G、AI（人工智能）、VR（虚拟现实）等新技术渐行渐近，科幻电影中人人相联、物物相联、人物相联的虚拟场景快速成为现实。所有人都清晰地意识到：在新技术驱动下，传统互联网正在发生一场彻底的革命与升级，一个无所不包、全智能的全联接时代正快速向我们走来。

全联接改变了人们的交互模式，也打破了原有的营销生态！很多旧有的营销手法已然失效，全新的玩法体系正在快速形成，在全联接时代，我们需要用全新的视角去理解媒体、理解营销。比如，以Facebook、twitter、微博、微信为代表的社会化网络的出现与崛起，不仅改变了人们的社交沟通习惯，还重新定义了新媒体营销的核心内涵。当前，评判一场营销活动效果好坏的标准，不再是干巴巴的数据报表，而是它能否刷爆潜在客户群体的朋友圈。近半年来，几乎每个月都有刷屏利器被造出，而背后的商家自然赚得盆满钵满。无论是商家、媒体，还是公关，都开始绞尽脑汁扩大朋友圈的影响力，毫不夸张地说，新媒体营销的“朋友圈”时代已经到来。

另一个大趋势是，以电视、报纸、杂志为核心的上一代精英式媒体的影响力正在大幅下滑，营销传播渠道越来越强地呈现出多元化态势。简单、粗暴地购买广告位，效果已然日渐式微；企业品牌塑造的核心已由单纯的“眼球”转向了更具杀伤力的“口碑”！也就是说，当前企业营销的终极目标不再是知名度，而是美誉度。因此，广告开始没落，公关迅速崛起。正是在这样的大背景下，新媒体营销凭借其独特的商业思维和执行技法，快速从边缘走向核心，一个又一个营销神话也随之而出。

小米科技凭借超强的新媒体营销能力崛起，已经成为一个经典案例，其独创的小米模式更是成为了一个模式，直接引爆了传统企业互联网化转型浪潮。

“罗辑思维”的案例业内已经耳熟能详。它以自媒体为切入点，把新媒体社群营销与传统商业深入融合，创造了一个又一个营销奇迹。

加多宝，因为与王老吉的恩怨情仇而不得不重塑自己的品牌。它通过以新媒体营销为主战场、并综合应用电视、综艺节目等多媒体平台，重新“夺”回了自己的品牌地位。

《琅琊榜》也是2015年新媒体营销领域经典案例之一。花絮、剧透、演员私人生活……利用新媒体营销，《琅琊榜》成功引爆了一系列传播内容，《琅琊榜》通过新媒体营销和优秀的制作，成为了同期收视率（包括网络）最高的电视剧。

淘宝服饰小店店主“水煮鱼皇后”，是一个普通的女大学生。在2007年年底参加淘宝办的活动，自创短剧《水煮鱼的淘气生活——带你走进一个淘宝女生的真实生活！》，以其清纯的外形，风趣幽默的故事，一夜之间迅速在各大网络上蹿红。之后借势新媒体传播和营销，“水煮鱼皇后”淘宝店的收入一路狂飙，还与科沃斯集团达成战略合作，年销售目标高达百万。可以说，新媒体营销成就了一个普通淘宝小店的营销神话。

国内新媒体营销的威力已然显现，国外亦是如此。奥巴马玩转社交媒体当选美国总统的故事相信大家并不陌生，社交网络对奥巴马瞄准草根阶层的竞选活动起到了前所未有的推波助澜的作用。

小到个人网店，大到总统竞选，新媒体营销都能发挥巨大效用！

然而，很多传统企业还尚未意识到这些，陈旧的营销方式不仅浪费了大量资金，还让其错失很多市场良机。正所谓，大浪淘沙，现在的当红企业，很可能在未来根本无关紧要！

为了让更多的企业快速响应全联接时代下的新媒体营销变革，极客网联合李海刚（自媒体）工作室重磅推出了一系列关于新媒体营销方面的文章，这些文章基于极客网最近18个月内的实战经验，内容深入浅出，案例翔实，既有前瞻性十足的理论支撑，又有详细具体的执行策略，文章推出之后，广受读者欢迎。《新媒体营销密码：开启全联接时代新思维》这本书，就是在此基础上进行了系统整理和深化而来的，希望能使更多的读者受益。

作者的微信公众号：lihaigang_com

李海刚
极客网CEO

目录

contents

第3章

不知道从什么时候开始，“跨界”被赋予了时尚色彩。互联网时代，一家企业如果不懂玩跨界，那么他一定会被视为“老古董”。近一两年，甚至有一种说法认为：未来十年，中国商业领域将迎来大规模跨界时代。

第4章

纵观整个新媒体营销发展历史，每一次信息媒介的升级换代都会带来营销手段的大洗牌。当前，电视媒体的精英光环刚刚褪去，传统网媒的主导优势就已不再。

第二部分 新丛林法则

入这一市场，但最终无不黯然离场，可乐市场双寡头格局始终无人能打破。这两家公司牢牢地把持住了用户的口碑。

移动互联网时代，无论是个人还是企业，核心信息都已被数据化，而且越来越透明。对新媒体营销人员来说，深刻理解这一现状意义非凡，一切传播策略的制定都离不开这一大前提，这是企业在传播过程中要“讲实话”的大环境。

随着电视、网络、移动媒体等越来越多新媒体平台的出现，语音广播媒体被业界一致看衰。然而，就在大家准备放弃广播媒体的时候，它却因为汽车的快速普及，表现出了独特的传播价值。

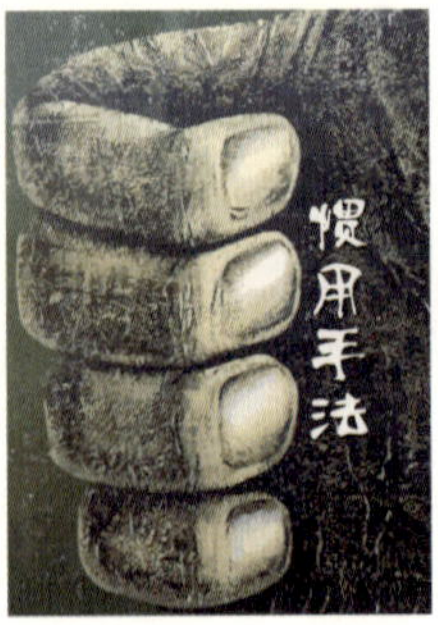

第三部分 惯用手法

第12章 媒体推送 / 159

经过多年发展，媒体推送已经发展成为一个分工明确、流程清晰、价格透明的庞大利益生态。毫不夸张地说，只要你的内容不违法，是合规内容，发到任何媒体上都不无可能。

第13章 事件营销 / 164

事件营销已经发展成为了一套集新闻效应、广告效应、公共关系、形象传播、客户关系于一体的综合传播手段，在创立品牌、推广产品、提升产品美誉度等方面应用非常广泛。

第14章 其他手段 / 168

新媒体营销，手段千千万，除了上述的惯用手法，还包括软文营销、口碑营销、危机公关等。它们各擅胜场、各有各法，新媒体营销从业者也需一一涉猎。

第四部分 案例

新媒体营销是一个朝阳产业。成功有成功的方法，失败有失败的教训。在这一部分里，我们通过一些经典案例，看看全联接时代的新媒体营销究竟该怎么玩。

第一部分

挑战与机遇

新媒体给传统媒体带来了巨大冲击，并且在网络这个主阵地上，大部分传统媒体还没有找到可以突破的方向。急功近利式的转型，让很多传统媒体将目光盯在了微博、微信、APP 等新媒体工具的表象上，而没有深刻理解新媒体影响力重塑的本质在哪里。随着媒体行业的沧桑巨变，传统营销体系全面坍塌，新的营销生态逐渐形成，新媒体营销人员迎来了前所未有的挑战和机遇……

挑战与机遇

第 1 章　媒体大势

做新媒体整合营销，需先知媒体大势！

近五年来，全球媒体行业正在经历一场沧桑巨变，这个变化过程中，既有国内媒体间的生存竞赛，也有国际间媒体的话语权角逐。当前，面向未来的新媒体布局，已提高到了国家战略层面。

1.1　谋变中的中国媒体

格局上的差距

与世界级的媒体公司相比，中国媒体，特别是中国传统的新闻媒体，还有着很大的差距。

至今为止，中国（包括中国香港）没有一家世界级的媒体公司，而美国却远不止一家。就算在互联网管制非常严格的国家，这些媒体的影响力依然能够渗透进去，甚至影响并改变一个国家。中国人民解放军国防大学教授戴旭曾发表评论称，苏联的解体是美国发动颜色革命的直接结果，而这场革命的先锋正是影响人们思想的媒体。

戴旭指出，全球 90%以上的新闻信息被美国及其盟国垄断，美国实际控制了全球 75%的电视节目生产和制作，发展中国家的非本地新闻有 75%产自于西方国家的新闻机构。这就赋予了美国巨大的新闻塑造能力和传播能力。再加上美国的一整套冷战思维，“颜色革命”、和平演变策略，最终“打垮”了苏联。

举这个例子，笔者并不是想谈政治，而是想说，美国媒体产业之所以发展得这么好，是因为国家从战略层面支持它的发展。当然，中国也有人民日报、新华社、人民网、CCTV 等官媒。但两者之间的区别是，美国媒体一开始的定位就是要影响世界，而中国媒体的定位是影响中国人！有人说，美国用的是英语，所以推广壁垒小。然而加拿大也说英语，为什么影响力没有这么大？中国人讲中文，为什么受美国媒体影响如此之大？所以，关键不在语言，而在格局和视野。

进入网络时代后，媒体产业发生了巨大变化。舆论主阵地开始由电视、报纸转向互联网，传统媒体受到巨大冲击。近两年，新媒体变革大潮愈发强劲，大有重新洗牌之势。统计数字显示，当前全球有将近 20 亿人，每天在互联网上处理日常事务，而这个数字还在持续增加。美国也再次将网络媒体发展和应用提到国家战略层面。

事实上，早在 1991 年底，当时还只是美国总统候选人的克林顿就已经意识到，“信息时代来临，观念传播不可阻挡，美国面临着推动全球自由民主进程的历史机遇”。美国这么想，这么说，也是这么做的。如今，全球 80%以上的网络信息和 95%以上的服务器信息由美国提供，超过 2/3 的全球互联网信息流量来自美国，另有 7%来自日本，5%来自德国。日本和德国都是美国的盟友，这就等于美国牢牢控制了全世界互联网信息流量的 80%（将近）。这就是新时代的影响力之源。

反观中国的很多“主流”媒体，他们在干什么？卖房子、种蔬菜、拍电影、搞培训、玩游戏、开酒店、卖字画……等等，主流媒体、官方媒体在用媒体的力量谋取蝇头小利。格局与境界，高下立现。

延伸阅读：60 多家报社跨界经营及转型多元经营一览表

近几年来，以报业为代表的传统媒体营收呈现出了“断崖”式下滑趋势。为了减轻营收压力，国内各大报业集团纷纷开展多元化经营，各种跨界，各种融合，各种新花样，真是让人眼花缭乱。“无论如何都要活下去”，是他们理直气壮地“不务正业”的理由！

值得一提是，通过跨界经营，部分报业的营收的确有所好转，甚至在很多报社中，副业的营收丝毫不输主业。比如，徐州报业2013年年入近5亿，主业副业各占一半；浙江报业2013年净利近3亿，将近五成来自游戏，真是不可思议。

从服务业到制造业乃至农牧业，从三产到二产再到一产，每个有可能增加营收的领域都成了传统媒体的“试验田”。转型期内，报社开公司似乎成了一种潮流，背后的逻辑是：大家都在转型，我不转是在等死；大家都在玩跨界，我绝不能掉队；反正大家都是摸着石头过河，不去尝试，永远不会有奇迹。一句话：经营不能全靠广告，副业也是正道。纸媒转型，什么纸最重要？钞票！

然而，对于媒体来说，这种跨界真的有价值吗？副业超主业的报业集团真的算转型成功吗？答案显而易见！

对于媒体的跨界经营网上报道有很多，笔者根据公开信息将部分报社的非报经营项目简单整理了一个名单。

排名不分先后，仅供同行参考。

传统媒体跨界经营一览表

上报集团	房地产、物管、演艺、票务、商业印刷、酒店、证券、基金、创投、教育、出租车、拍卖、旅游、度假村、BPO；
广州报业	房地产、艺术品、副食品、游轮、手游、彩票等；
浙江报业	房地产、游戏、影视、文化产业投资、教育、文化连锁园、资本运作等；
南方报业	房地产、会展、演出、艺术品、褚橙、移动电商等；
羊城晚报	文化创意园、艺术收藏品、绿色食品、出国留学等；
京华时报	影视制作、健康农产品等；
徐州报业	房地产、艺术品、酒水、旅游、室内停车、银行等；
郑州报业	房地产、餐饮、影视、文化产业园、旅游、电商、土特产超市、快捷酒店、文化基金等；
长春晚报	驾校、艺校、3D魔幻展、商超合作等；
延边晨报	美容用品、展会、电商等；

（续表）

四川报业	酒店、房地产、土特产等；
宁波报业	会展、培训、物业、音乐厅、艺术馆等；
济宁报业	酒水、会展、旅游等；
开封报业	演出、旅游等；
三峡晚报	演出、会展、旅游、婚庆等；
现代快报	艺术品、电商、LED、酒水、会展、教育培训等；
瑞安日报	快印、培训、软件、产业园等；
淮安报业	酒楼、酒水、房地产、培训等；
平顶山报业	会展、婚庆、汽车4S店等；
连云港报业	旅游、会展、酒店、酒水、汽车4S店等；
荆门报业	书画、奇石等；
江汉商报	高山蔬菜水果等；
十堰报业	旅游、房产、公交线路、现代农业等；
洛阳报业	酒店、互联网金融、休闲庄园、本土食品电商等；
杭州报业	商贸、物流、艺术品等；
青岛报业	经贸、培训、酒店、旅行、饮用水等；
商丘报业	酒水、演出、书画、食品等；
阳江报业	酒水、海产、物流等；
东营报业	节庆、会展、剧院、婚庆等；
潇湘晨报	老年产业等；
重庆某报	保健品、养生地产、首饰、化妆品、大闸蟹等；
北京日报	酒店、房地产、保险、写字楼出租等；
桂林报业	旅游、休闲、教育、矿泉水等；
遵义报业	酒店、餐饮、酒水、会展、艺术品等；
济源报业	会展、培训、景区旅游合作等；
燕赵晚报	土特农副产品、手机、汽车装饰品等；
鞍山报业	城市印象馆、旅游养老地产；
新文化报	钻石、海参、名表销售、会展、演出、房地产；

（续表）

大庆报业	艺校、餐厅、酒吧、房地产、旅行社、婚庆等；
成都报业	传媒投资、房地产、医药、教育、酒店物业、新闻纸、公共信息网络等；
深圳报业	物业租赁、地铁广告、电子商务、房地产经纪、汽车销售、文化艺术品交易、风险投资等；
宁夏报业	房地产、小额贷款、会展等；
天津报业	教育、旅游、文化娱乐、物流配送等；
新华报业	实业投资、旅游、房地产、酒店、物业、速递等；
临沂报业	餐饮、房产、旅游、演出、剧院管理等；
宿迁报业	演出、酒水、会展、旅游纪念品等；
苏州报业	文化产业投资、演艺、会展、电子商务、房地产开发、媒体信息服务等；
镇江报业	酒水、会展等；
德州报业	酒水、商贸、培训学校等；
湖南报业	房地产、文化城、书画院等；
湖北日报	电商、房地产、金融、酒店等；
大众报业	酒店、置业、房地产、旅行社、物业、信托等；
河南报业	图书、酒店、物贸、信息、房地产、彩扩等；
烟台报业	通讯、影视、教育、房地产等；
贵阳报业	旅游、物流、地产、会展等；
萧山日报	旅游、会展、演艺、超市、培训、物流配送、电子商务等；
盐阜报业	房产开发、演艺、书画院等；
聊城报业	印刷、土特产、骨科医院、投资咨询、电梯生产等；
潇湘晨报	展会、演出、地产、社区服务、电商等；
大连报业	房地产、物管、旅游等；
云南报业	房地产、会展、旅游、茶叶等；
华夏时报	影视、院线广告等；
威海报业	海洋食品电商、高端培训、海参加工、创意产业园等；
长江报业	房地产、会展、快递、旅行社等。

我们输在了哪里

不知道从什么时候开始，另一种含义的 C2C（Copy to China）成为中国互联网和新媒体领域创业者膜拜的“生存法则”。美国出个 Google，我们就有了一个百度；雅虎赚钱了，我们就做个新浪；Facebook 出来了，我们就搞个人人网；Twitter 火了，我们就开发个微博……从始至终，我们都是跟随者，搜索、门户、社交媒体、科技博客等等概念、模式都不是我们原创。好像只要跟紧点儿，一有新模式出来，我们立即 Copy 就一定能成功。这种思维定式让我们形成了惰性，不再愿意花心思创新。长期的跟随，让我们逐渐成为美国模式的忠实信徒。

都说中国要落后美国很多年，但事实上，这种落后，在很多时候不是因为我们技术不如人，而是理念不如人，信心不如人。比如，中国已经成为全球最大的 P2P 市场，然而中国 P2P 厂商还是要疯狂地去美国参会，2015 年美国 LendIt 峰会，8 家白金赞助商中有 4 家来自中国。如果是为了拓展海外市场无可厚非，但大部分只是为了“刷脸”，拍回照片在国内做二次传播，以期彰显实力。这种出口转内销式的宣传，强烈地折射出中国企业的不自信。

说回新媒体。近两年，全球媒体市场风云变幻，传统媒体面对新媒体挑战的同时，也迎来一次脱胎换骨的机会。而对于新媒体来说，这次汹涌而来的行业大变革，更是提供了无限的遐想空间。更重要的是，所有的挑战，并非只针对中国媒体。美国媒体巨头所感受到的寒流更猛烈。

数据显示，在数字化浪潮冲击下，美国传统印刷期刊数量正在快速减少。包括《新闻周刊》、《今日美国》在内的重量级期刊都将停止更新印刷版。而它们，在面向互联网的新媒体运营方面，和所有中国传统媒体一样，都是新手。也就是说，中国媒体正面临一次夺回（或者说部分夺回）全球话语主导权的机会。

也许有人会问，美国掌握着全球 80%以上网络信息，中国网络媒体还有机会吗？《人民日报》曾刊发一篇评论文章，观点犀利而有见地。文章指出：中国的创新不是能力问题，而是勇气问题。而我想说的是，中国媒体要想夺回失掉的话语权，不仅需要勇气，还要拿出中国军人誓死捍卫国家领土和民族尊严的决心！

新时代的中国媒体，要敢于打硬仗，更要会打硬仗！

如何谋变下一个十年

这是一个宏大的问题，除了前文提到的格局和信心问题，还需要什么？我给不出标准答案。但是作为一名媒体人，可以分享一些不成熟的思考。

（1）　变与不变

新媒体给传统媒体带来巨大冲击，并且在网络这个主阵地上，大部分传统媒体还没有找到可以突破的方向。而急功近利式的转型，让很多传统媒体将目光盯在了微博、微信、APP 等新媒体工具的表象上，而没有深刻理解新媒体影响力重塑的本质在哪里。我们来看两个案例吧。

案例 1：李光耀病逝消息误报

今年 3 月 18 日，李光耀病逝的消息在中国各大媒体中流传，很多传统媒体甚至做了专题报道。然而，随后这则消息被证明是假消息。据中青舆情监测室统计，截至 2015 年 3 月 20 日 18 时，“媒体误报李光耀逝世”的主题新闻数已达 3080 篇。三天后，2015 年 03 月 23 日凌晨 3 时 18 分，李光耀因病医治无效去世，享年 91 岁。新媒体强调传播速度，很多传统媒体为了抢头条，也学习新媒体的“快”，降低了对消息确认的要求，结果在一国领导人生死的大问题上栽了跟头。

案例 2：极客网新编辑的建议

今年 4 月，极客网招了一个新编辑，她给出的第一个建议就是，要大大增加“无节操”和“标题党风格”的文章。我问为什么，她说：“当前读者的阅读时间是碎片化的，并且他们中的大部分很忙、压力很大。太严肃的内容没有市场。你看，四大门户，不就是这样子吗？作为新媒体，要先有流量，才有资格谈情怀。”

这名编辑的话，从某种程度上看是对的，也是当前大部分新媒体所奉行的生存法则之一。但深思之后，我还是决定极客网的主导风格不能变，可以增加相对轻松的内容，而绝对不是“无节操”和“标题党”！我们每天都会接触很多信息，但能在我们脑海中留下痕迹，甚至长期产生影响的内容并不多。但产生深远影响的效果，正是新媒体想要做到的，也是媒体的核心价值所在。

笔者一次坐飞机，由于没有网络，不得不翻看一些报纸。一篇三千多字的长文吸引了我，我连读了三遍，这篇文章给了我很多启发，也让我想明白很多事。在那一刹那，我突然明白，读者并不是不需要深度文章，更不是不需要有见地的媒体报道，而是现在的媒体过分强调娱乐化、碎片化的阅读，这不仅让大众在不求甚解的习惯中不断迷失，也让媒体自己失去了原来的价值！哀哉！

所以，媒体变的只是信息的承载介质和传播手段，而媒体的核心法则，什么时候都不能变！

（2） 核心价值观与商业利益

近几年，媒体的生存压力越来越大，无论是传统媒体，还是新媒体！这让本应沉静、踏实的媒体行业变得浮躁起来。报道掺水、有偿删（发）稿、舆论敲诈等不良行为越来越多，媒体公信力每况愈下。在这种情况下，媒体盈收能力进一步下降，紧接着是新一轮更过分、更低劣的牟利手法冒出，媒体底线一次又一次被打破，如此往复，恶性循环……

当然，市场中大部分媒体还是能坚持原则的。但我们也不得不承认，随着互联网媒体的快速兴起，中国媒体环境依然会乱象重重。媒体本来是一个清高的行业，现在却因为铜臭味太浓，慢慢走向一个前途未明的未来。

事实上，笔者并不反对媒体盈利。相反，非常支持、鼓励媒体通过正当创新，在不违背媒体核心价值观的情况下，实现自己的商业价值。因为只有这样，媒体才会有持续的生命力。可喜的是，2014年以后，中国媒体行业刮起了一阵清风。市场中涌现出了一大批敢于突破的新媒体平台，其中不乏像澎湃新闻、界面这样有创见的新媒体。这让我再次看到了希望！

我想强调的是：互联网时代，新媒体如何找到核心价值观与商业利益的平衡是一个长期命题，这需要所有媒体人共同努力。

（3） 里子、面子与商业化转型

媒体是最要面子的行业，也是最要里子的行业。没有面子，撑不起场子，很难赢得读者信任。没有里子，不能持续产出有价值的内容，很难做出市场公信力。当前，媒体行业大变革来临，洗牌加速，很多传统媒体已经只剩下表面的风光，已无力创新。而新涌入的创业型新媒体，由于没有稳定的收入来源，财务状况非常不乐观。所以，无论是传统媒体，还是新媒体，都亟需找到新的、可持续盈利模式，在这个基础上，才能既有面子又有里子。

实际上，近些年，中国的媒体从业者们始终没有松懈，一直在尝试各种转型。媒体电商化、媒体公关化、媒体社群化、媒体咨询化、自媒体化……新花样层出不穷。然而，当前市场中能见到的这些模式都是微创新，部分创新还存在致命性硬伤，比如媒体公关化。这个很好理解，就是媒体下沉做公关，帮助客户做媒体之外的事。媒体做公关，赢得一两个客户容易，但很难做大，更得不到行业足够尊重。

值得一提的是，尽管很多微创新可以让一家相应规模的媒体活下来，但仅靠这些，显然做不出文章开题所说的“拥有全球影响力”的先锋媒体。当前，全球大国排序在变更，中国在快速崛起。未来十年，中国的国际地位无疑将更加提升。在这种情况下，中国媒体必须拿到全球话语的主动权、主导权。在政治领域需要，在金融、科技、文化领域更加需要。我们现在离这个目标还很远，但那是我们的方向！

好消息是，无论是新华社、央视、人民日报这样的官媒，还是新浪、网易、界面、极客网这样的商业媒体，都已经开始思考未来的转型，并且一些新尝试已经初见成效，总的来看，正向转变仍然远远大于反向转变。

总之，中国媒体如何谋变下一个十年，答案在我们的手中！加油！

1.2　渐行渐近的新格局

“大众创业，万众创新”下的新媒体寒冬

“大众创业，万众创新”这把火刚刚燃起，资本市场的“冬天”就来了，仿佛一夜之间，VC 们就收紧了自己的钱袋子。变化之快，超出想象！而就在短短半年时间里，创业者们经历了冰火两重天，这种奇特而壮观的景象，怕是只有在当今的中国市场才会出现！

在所有创业项目中，资讯型新媒体无疑是最热门选项之一。在过去的几年中，市场中涌现了一大批平台型新媒体公司，包括微博、微信公众号、今日头条、百度百家等等。这些新媒体平台的出现，不仅大大降低了新媒体创业的启动成本，还为新媒体创业者提供了更多元化的变现手段。

另外，随着用户阅读习惯的改变，广告主的投放偏好发生较大变化，敢讲话、出稿快、影响大的自媒体、新媒体越来越受欢迎。在巨大经济效益带动下，大量媒体人挑旗单干，自媒体、新媒体创业大热！

台风来时，猪都能飞上天！很多新媒体创业者成了台风口的猪，被吹上了天……

然而，资讯型新媒体的天花板很容易看到，并没有太大的想象空间。理由很简单，再能写，一天能写几篇？要想赚更多的钱，似乎只能要么降低质量，要么扩大团队规模。所以，资讯型新媒体的出路似乎只有三条：要么累死；要么“抱大腿”（成为某利益集团的笔杆子）；或直接卖身！除此之外，似乎别无他法。

台风来时，猪能飞上天，台风去时，猪也可能摔死。而不好的消息是，2015 年以来，市场的机遇红利正在加速退去，越来越多新媒体创业者感受到了压力。而资本寒冬来时，资讯型新媒体创业者也最先感受到了寒意。

新媒体焦虑，传统媒体更焦虑

2015 年 9 月，《环球人物》的记者对我进行了一次长达两小时的采访，我们聊的话题正是新媒体创业与变革。言谈中，我强烈地感受到了传统媒

体的焦虑。从这位记者的视角来看，现在的新媒体似乎活得非常滋润，他们正快速蚕食传统媒体的既有领地，并且势头不减；在新媒体强势挤压下，传统媒体盈收不断缩水；而传统媒体在面向新媒体的转型过程中，困难重重……

我突然意识到，媒体变革大潮来袭，新媒体焦虑，传统媒体更焦虑！这是一个信号：随着信息革命的持续深入，媒体行业正快步走向一个全新的时代。这个时代里，没有先来后到，没有权威，甚至没有标准，无论新媒体，还是传统媒体，都站在了同一起跑线上。未来，鹿死谁手变数重重。这是一个最坏的时代，因为我们所有人都失去了方向，这又是一个最好的时代，因为我们每个人都有机会脱颖而出，成为下一个媒体时代的弄潮儿！

新媒体创业要突破“灌木型生态”的局限

诚如前文所说，机遇的确来了，但真的做出成绩，却异常艰难！

当前，中国新媒体行业，已经形成了一个相对稳定的“灌木型生态”系统。在这样的生态系统下，很难出现 BAT 这种体量的引领型公司。

何为“灌木型生态”？顾名思义，就是市场中充斥着大量独立而长不大的新媒体公司。造成这种情况的最主要原因，就是行业门槛的降低。三五个人，拉个小团队，建个网站（甚至网站都不需要，注册一个微信公众号就可以），马上可以开始新媒体创业。但这种公司，很难融到资，发展空间也有很大局限。而由于市场有限，这种公司多了，拥有绝对优势的龙头型公司就很难出现！就好比灌木林中，很难出现参天大树，因为土地的养料有限，大量矮小的灌木已经分食了所有养料。

当前，几乎所有细分行业都有相应的新媒体公司，而且每个行业的新媒体公司数量还在不断增加。当然，也会有一些经营不善的新媒体陆续退出市场。但总之，经过多年发展，中国新媒体行业的“灌木型生态”已然形成。新媒体创业者要想打破天花板，创造更大的想象空间，就必须想办法突破“灌木型生态”的种种局限。可以毫不夸张地说，这条路堪比西天取经，九九八十一难，一个都不能少！

中国新媒体行业需要拥有远见的创业者

汪国真在《热爱生命》中写道："既然选择了远方，便只顾风雨兼程！"这句话，送给当今的新媒体创业者也非常适用。很多新媒体创业者的确拥有这样的热情。但我想说的是，在如此纷繁复杂的市场环境中，光有热情是不够的。在中国，新媒体行业更需要有远见的创业者！

诚如前文所说时至今日，中国（包括中国香港）没有一家世界级的媒体公司，而美国却远不止一家。就算在互联网管制非常严格的国家，这些媒体的影响力依然能够渗透进来，甚至影响并改变一个国家。对比来看，中国媒体并不缺少技法层面的东西，而是输在了格局上。

随着网络技术快速发展，信息传播的路径已经发生了翻天覆地的变化。进入网络时代后，舆论主阵地开始由传统电视、报纸转向互联网，传统媒体受到巨大冲击。而在面向新媒体转型的路上，所有人都是新手，无论是新媒体，还是传统媒体，都要从头做起！要知道，平庸的跟随者，永远做不出大的媒体公司。更何况，我们没得跟！

所以，中国新媒体行业需要拥有远见的创业者去开天辟地。而我们极客网要做的，正是这样的事情。用极客网总编辑朱飞的话说，我们要做中国第一批由 IT 时代全面转向 DT 时代的科技金融新媒体。这条路或许并不平坦，但我相信这条路能引领我们成功到达彼岸。

一个新时代的开启

2008 年，我不再服务华为，从一个不折不扣的"IT 民工"，转身成为国内知名科技媒体的高级编辑。由于工作关系，我与各大科技企业高层接触的机会越来越多，其中不乏新媒体行业大佬，包括搜狐 CEO 张朝阳、腾讯董事局主席马化腾、网易 CEO 丁磊等等。通过大量访谈，我获得了丰富的一手信息，对新媒体行业整体脉络的认识也逐渐清晰。宏观意识比较强的我，本以为这次转型是自己职业生涯中的一次华丽转身，选择了一个拥有无限遐想空间的朝阳行业，但令我万万没想到的是，我的脚步刚刚踏入，中国媒体行业就迎来了一场前所未有的大变局！

2009 年，我所服务的这家媒体在经过一个营收小高潮后快速陷入低谷，转型压力扑面而来。由于理念陈旧、技术落后、人才不足、管理失误、历史包袱等等问题的羁绊，我们连续几次转型尝试都无功而返。三年后的2012年，我们的媒体定位与版面设计已经被改得面目全非，甚至连网站名号和Logo都改了，但遗憾的是我们仍旧没有摆脱困境。而就在我们苦苦挣扎的同时，其他同类媒体的处境也变得越发艰难，就连四大门户（新浪、网易、腾讯、搜狐）也开始陷入增长放缓、创新乏力的尴尬境地。显然，我们的衰落仅仅是行业大势的一个缩影，在转型的路上，我们不是第一个，也不是最后一个！

2014年10月，被尊为“中国网络新闻教父”的新浪前总编辑陈彤突然宣布离职，业界先是为之一惊，然后异口同声地喊出了同一个声音：门户时代即将终结！更有意思的是，精于内容运营的陈彤离开新浪之后，没有选择任何媒体公司，而是投奔了一家以手机起家的移动智能生态创业公司——小米。我突然意识到，在移动大潮的巨大冲击下，曾经代表着新媒体未来的旧式的网络媒体正在慢慢老去，无论我们多么不舍，他们已经全面边缘化。而随着以微信公众号为代表的个人新媒体平台的快速崛起，越来越多的跨界媒体人开始崭露头角。传统媒体人在生存与选择的双重重压下，原有的精英光环已荡然无存！

没错，一个旧的时代已成过去！

“平媒已死”言犹在耳，“网媒的黄昏”似乎就已迫不及待地步了后尘。不过，真实的市场永远比想象中要复杂，任何事情换个角度都会有不同的结果。所以，网媒的困境也必然有“两面”，正如那句经典格言所说：上帝关上一扇门，同时必然打开一扇窗。事实上，就在传统网媒日渐低迷的同时，一些新的媒体形态开始“潜滋暗长”。几年下来，部分发展较好的新媒体已颇具气候。当然，从本质上看，他们仍然属于网媒。

2010年12月，一家名为36氪的科技博客上线，创始人是一名在读研究生，最开始内容以翻译海外创业投资类内容为主。由于定位精准，内容及时、新鲜，36氪很快在同质化严重的科技网媒中脱颖而出，并于2011年7月拿到了九合资本创始人王啸的天始投资。此后，36氪发展明显加快，短短五年光景，36氪已经发展为包括创业媒体36氪、创业投资平台氪加及线下创业空间氪空间三大业务在内的互联网创业入口级服务商。在网络媒体发展的瓶颈期内，36氪能另辟蹊径，逆势而出，真堪称一匹超级黑马！

36氪并非唯一的幸运儿！2012年5月，另一家科技新媒体上线，两个月后获得浙报集团传媒梦工场投资负责人杨轩主导的数百万元A轮融资，它就是现在大名鼎鼎的个性化商业资讯网站虎嗅网。虎嗅网创始人是《中国企业家》杂志前执行总编辑李岷，新闻科班出身，1999年毕业于中国人民大学新闻学院。李岷给虎嗅网设计了一条完全不同于传统网媒的内容创作之路：作者投稿+编辑编审。由于布局开放平台较早，虎嗅很快笼络了一批专业博主，内容质量和业界影响力稳步提升。2014年6月，凭借专业、深度、开放三张王牌，虎嗅又拿到阿里巴巴旗下上海云鑫投资管理有限公司的战略投资。2015年12月1日，虎嗅成功挂牌新三板。

虎嗅的崛起，让我们看到，再成熟的市场，只要用心观察，也一定还能找到新的发展空间；而极客网的后发先至也是一例。

2012年底，我离开老东家，创办科技金融新媒体极客网。此时的新媒体创业环境已然变得更加复杂。36氪、虎嗅，一个专、一个泛，牢牢占住了传统网媒之外的两个关键路口，此外更广阔的细分市场都有老玩家卡位，后来者似乎再无机会。但幸运的是极客网一出生便撞上了互联网金融风口，科技+金融的独特定位注定非同凡响。在行业大势助推下，极客网快速聚集势能，并通过“精品栏目+重度垂直深耕”的策略快速打开市场。短短两年不到的时间，极客网已跻身科技金融领域最具影响力的先锋媒体阵营。与此同时，科技金融的跨界定位，不仅让极客网成为TMT+金融创业者的重要资讯阵地，还让其成为了华为、联想、小米、中国电信、百度、阿里等科技互联网巨头的座上客。看来，真是天无绝人之路，“网媒的黄昏”还远远没有到来。

如果说36氪、虎嗅网、极客网的逆势崛起是一个偶然，那么新媒体时代的全面来袭便是一个必然。2010年开始，传统网媒的影响力急剧下滑，生存压力陡然而生。然而，几乎就在同时，新媒体大潮汹涌来袭，O2O领域有了亿欧网、智能硬件领域冒出来个智东西、新金融市场出现了零壹财经，就连传统门户领域也迎来了新生代——界面横空出世……他们给传统生态带来的冲击力度是前所未有的。伴随着一个又一个新生媒体形态诞生，传统媒体生态不断被蚕食、瓦解。另外，随着百度百家、微信公众号、搜狐自媒体平台等一大批自媒体平台的问世，新媒体的最小单元进一步缩小，个人的影响力得到空前显露。而自媒体阵营的异军突起给传统媒体生态带来了更加猛烈的二次冲击，这次冲击可以说是毁灭性的，因为它彻底打破了传统媒体的精英式信息垄断格局。随着新生态的加速形成，拥有前瞻思维的新媒体人又找回了曾经优越感！

没错，一个新的时代正在开启！

媒体的沧桑巨变直接导致传统营模式的失效，但与此同时，更适合新媒体生态的新媒体整合营销体系迎来了全新的发展机遇。首先，传统媒体广告与传播效果的下滑，厂商亟待寻找新的营销承载媒介。其次，新媒体要生存，也要找到支撑自己发展的盈利模式，而整合营销便是一个非常不错的方向。对于新媒体来说，既可以自己做整合营销服务，也可以作为一个出口配合公关公司做整合营销。目前，整合营销已经成为新媒体重要的营收支柱。以虎嗅为例，其收入主要有三大部分：广告发布、整合营销和线下活动。公开资料显示，2014 年虎嗅这三项营收占比分别为：广告发布 16.17%，线下活动 22.49%，整合营销 61.34%。在我们所讲的新媒体整合营销概念中，线下活动也是其中一部分。由此来看，新媒体整合营销收入占到了虎嗅这家新媒体总营收的八成以上。纵观整个新媒体市场，虎嗅的营收结构非常典型。

虎嗅公司主要服务的收入及占比情况（元）

服务类别	2015 年 1 月～5 月		2014 年度		2013 年度	
	营业收入	收入占比	营业收入	收入占比	营业收入	收入占比
广告发布	1,667,170.03	29.52%	1,496,983.42	16.17%	314,579.73	8.99%
线下活动	1,263,877.03	22.38%	2,082,330.31	22.49%	1,582,291.20	45.22%
整合营销	2,716,676.85	48.10%	5,678,483.55	61.34%	1,602,252.59	45.79%
主营业务收入合计	5,647,723.91	100%	9,257,797.28	100%	3,499,123.52	100%

另外，随着自媒体群体的快速扩大和新媒体后起之秀的不断涌现，媒体影响力结构变得越来越分散。现在，没有哪家单一媒体可以做到“通吃”，甚至连新浪、央视这样的大品牌、主流媒体的主导优势都很难再现。因此，新媒体营销变成了一项复杂的系统工程，砸钱买广告的时代已成过去。当前，企业要想在新的媒体环境中，秀出口碑、做大销量，必须擅用各种新

媒体营销的手段，打好组合拳。在这种情况下，无论是企业本身，还是专门的营销机构都需要深入了解、研究、运用“新媒体营销”这一新生、但前景广阔的企业生存新模式。

随着用户需求持续攀升，做新媒体营销的企业和个体经营者越来越多，分工也更加精细。经过几年“潜滋暗长”，新媒体营销生态已然形成，不同领域、不同环节都有专门的供应商。以此为基础，各种新媒体营销花样层出不穷，一个又一个营销神话被造出。当然，质疑、唱衰之声仍在，但市场中的确也已形成了一整套行之有效的新媒体营销运作手法。通过这些手法，很多企业已经赚得盆满钵盈。这些新手法、新理念，正是本书接下来的章节中将要详细阐述的重点。

第 2 章　这是一个什么样的时代

要做好新媒体营销，需先看清这是一个什么样的时代。

19 世纪英国批判现实主义小说家狄更斯在其代表作《双城记》中有一句名言：这是一个最好的时代，也是一个最坏的时代。用此话来形容当前中国的经济环境颇为恰当。说它好，是因为我们从未有过这样的繁荣时代，改革开放 30 年，中国经济实现了奇迹般的飞跃。说它不好，是因为高速增长的代价是极其高昂的。由于发展速度过快，我们还没有来得及反思，就已被现实中的种种弊端所裹挟。但站在新媒体营销从业者角度来看，这又是一个极好的时代，因为瑕不掩瑜，爆炸式经济增长给我们带来的是无限的可能性，没有这个可能性，这个行业不可能如此生机盎然！

那么，我们就来仔细地看一看，这是一个什么样的时代吧！

2.1　主旋律：改革与发展

被称为“国际风云气象师”的中国资深外交官吴建民老先生在一次公开演讲时说：“当今世界最大的变化是：时代变了！这个变化影响一切，是最本质的变化，它将影响中国发展的方方面面。新的时代有新的主题。新的主题，解决问题需要新的方法！”当时 75 岁的吴老，这句看似轻描淡写，又略带一些“官腔”的描述，非常贴切地诠释出了近 30 年来，中国发展的主旋律。那就是，改革与发展。

世界在变，中国也在变，这些变化既带来了挑战，也带来了机遇。在中国经济大跨步向前迈进的过程中涌现出了一大批敢于为天下先的创新型企业，36氪、虎嗅、极客网等网媒新秀，无疑也是其中的典型代表。尽管在发展过程中，有一些新模式颇受争议，未来的发展前景也仍存变数，但它们无疑也承载了中国经济特定阶段的历史使命。

当前的中国市场，比其他任何市场都复杂，中国的企业，要想取得更好的发展，必须具备全球化视野，不断突破本土局限，引入海外先进理念，与世界接轨！在全球竞争持续加剧的当下，中国企业必须时刻提醒自己，全球经济一体化已不再是书本上的概念，它已渗透到中国经济生活的各个环节。现在的中国，几乎所有关乎国计民生的关键行业都有海外势力介入，中国本土企业要想赢得竞争，必须做到知己知彼，全面拥抱全球化大势。

与此同时，中国企业还要深刻洞察本土市场变化，让创新更接地气。改革开放30年，中国已今非昔比，“跟跑者”不再是中国企业的唯一标签，在某些细分市场，中国企业甚至已经具备领跑全球的能力。比如，华为在5G通信方面，已超越阿尔卡特朗讯、爱立信，成为全球最大的5G设备供应商。更重要的是，随着中国的崛起，中国市场拥有了越来越多的有别于其他地区的特色需求。所以，国外的理念再先进，进入中国之后也必须经过深刻透彻的本土化改造。也就是说，中国企业决胜未来的关键，不再只是学习，而是创新、创造！

发展至今，中国毫无悬念地跻身全球第二大经济体，并且总体量还在持续攀升。伴随着中国经济的崛起，中国力量对全球经济的辐射力逐渐增强，更具竞争力的中国企业正在散发前所未有的魅力。新媒体行业的从业者们，也强烈地感受到了这股强大的势能。面对突如其来的行业大变局，有些跟不上节奏的传统媒体倒下了，但更多富有创新精神的新媒体站了起来。在过去的五到十年中，改革与发展也成了中国新媒体行业的主旋律。而从中国新媒体行业近几年的创新实践中，我们看到了一批兼具国际先进理念和中国本土情怀的创新型优秀民族企业。而他们所代表的，正是中国创造的源动力，是中国梦的未来！

不难预见，未来三到五年，改革与发展仍将是中国新媒体行业的主旋律。而新媒体营销作为一个依托于新媒体的衍生行业，也将在不断的新尝试中曲折前行。

无网不欢

2.2　大背景：无网不欢

改革与发展，并非一句虚言，它带来的不仅仅是经济的高速增长，还有科学技术的突飞猛进。在所有新技术与应用中，互联网无疑是最伟大的创新成果。互联网进入中国至今，短短二十几年光景，已经全面改变了人们的工作、生活方式。教育、购物、金融、娱乐、医疗……越来越多的传统行业被互联网颠覆。毫不夸张地讲，现代人已经离不开互联网。

2010 年以后，以智能手机为代表的移动智能终端加速普及，基础网络环境也有了大幅提升，移动互联网概念开始落地生根。在接下来的几年里，各种手机 APP 层出不穷，极大地满足了人们移动工作与生活的需要。随着技术的不断成熟，手机 APP 的体验也快速提升。为了黏住用户，各大互联网巨头都下了血本，烧钱大战一波接着一波。在经过几轮狂轰滥炸式市场教育之后，大众开始慢慢理解并接受了移动互联网所带来的便捷。如果说游戏、社交、新闻等通用型 APP 仅是让人们习惯了手机，那么团购、打车、理财等消费类 APP 则让人们喜欢上了手机。而余额宝和微信钱包的横空出世，更是将人们最关注的钱袋子死死地绑在了手机上，从此人们的目光再也离不开手机。

前些日子，一幅手机、WiFi 与如厕时间的关系图火遍网络。这幅趣图形象地反映了当今社会的一个特殊现象：在移动互联时代，手机已成为随身之物，如果再加上 WiFi 和电源线，那么厕所也足以让你呆上整天。

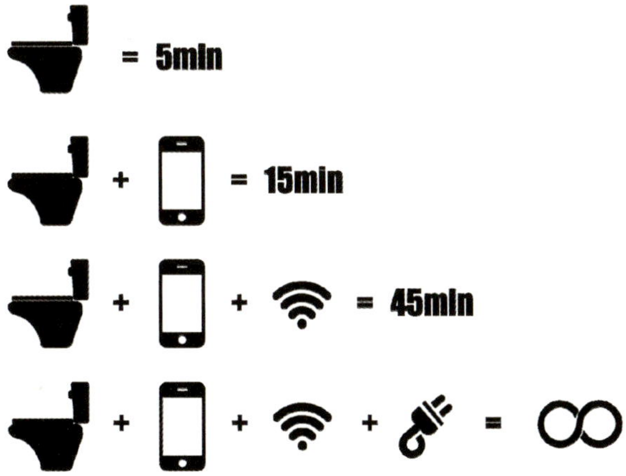

看似夸张的描绘，其实背后有其逻辑上的必然。27 年前，邓小平同志提出了“科学技术是第一生产力”的论断；经过 20 多年的发展，今天这一论断正在各行各业、各个场景渗透贯穿。如今，对不同身份的人，在不同场景下，如果你喊出“手机是第一生产力”、“WiFi 是第一生产力”等论断，也毫无违和感。原来，不知不觉中，我们已经在进入了一个无网不欢的时代。

统计数字显示，截止 2015 年 3 月，中国移动电话用户规模将近 13 亿，移动互联网用户规模近 9 亿，这意味着近七成中国人已经开始使用移动互联网。这是一个强烈的信号：不久的将来，移动互联网将全面改造我们的工作、学习与生活。如果你对这个结论还有疑问，那么请打开你的手机，看看里面有多少应用，再算一算每天泡在上面的时间。

毫无疑问，移动互联网已经渗透到了我们工作、生活的方方面面。但我想强调的是，移动互联时代，用户时间的“碎片化”只是表象，背后实质是消费的“场景化”。当然，这里的消费不单指买东西，而是包括观赛、观影、学习、互动、协作、分享等在内的涉及娱乐、学习和工作方方面面的更广泛的需求。这些场景和需求的存在，给新媒体营销留下了巨大的施展空间。如何有效利用这些场景和需求，我们将在接下来的章节中详细阐述。在这里大家只需要记住：

这是一个无网不欢的时代，这个时代的消费场景化趋势越来越明显！

2.3 新环境：人人皆媒

无网不欢是表象、是结果，背后支撑这一切的是网络的强大！而如何利用好这强大的网络，是每一个新媒体整合营销从业者的必修课。

众所周知，随着网络技术的不断成熟，信息的传播与交互方式发生了翻天覆地的变化，这个变化不仅改变了人们的阅读与交流习惯，还引发了媒体业一场前所未有的大变局。进入网络时代后，信息的解构、重组、分发变得更加容易，传播速度更快、传播成本也更低，因此信息源变得越来越分散。在这种情况下，原来以主流媒体为核心的集中式信息分发体系开始失效，舆论主阵地慢慢由传统电视、报纸转向互联网。近两年，在移动互联网大潮推动下，媒体业新一轮变革又强势来袭，大有重新洗牌之势。而在所有新趋势中，信息权力的进一步下放最为惊心动魄，因为它不仅意味着传统媒体的继续衰落，更预示着旧有信息垄断体系的瓦解。未来，最重要信息可能并非来传统意义上的“媒体”，而是来自一个网络社区、游戏APP、工具软件，甚至个人。没错，我们将迎来一个全新的时代：人人皆媒。

信息权利的进一步下放并非“行政”意义上的下放，记者证、网络新闻许可证仍会长期存在，但技术的发展将赋予每个人获取、使用和分发信息的权利。这也就是“人人皆媒”的核心，即：人人都是媒体，人人都是信息中心，人人都是信息的使用者，也是信息的制造与传播者。技术越进步，网络越发达，个人在信息生活中的媒体属性也就越强。当前，在重大突发事件报道上，个人参与者大多数时候比专业媒体还快。比如，汶川地震最早上传相关信息和现场照片的不是报社的专业记者，而是普普通通的老百姓。对该事件报道力度最大的媒介，也不是某家主流电视台，而是微博。由此可见，“人人皆媒”的现实意义已然显现。

不过，“人人皆媒”的最大意义并不在于新闻报道，而在于意见表达！现实社会中，我们每个人都有自己的专业，每个人都有自己的想法，每个人都有自己的圈子，只要时机成熟，每个都有渴望表达的观点。当人们把这些观点想法通过互联网分发出去的时候，他已然成为了一名媒体评论人。或许当事人全然不知，也没想要去做媒体人，但就在他把观点发布到网络上的一瞬间，他已经是事实上的媒体人了。如果他的观点有趣，有固定读者群，还能持续输出，转发量和阅读量都很大，那么恭喜，又一个令人艳羡的大V诞生了。

个人意见领袖声量的放大催生了一个新的行业——自媒体。随着微信公众号的快速扩张，自媒体概念愈发火热。一大批意见领袖开始通过微信这个超级平台表达自己的想法，有些自媒体大V的影响甚至可以覆盖1000万人。更值得一提的是，微信公众号并非唯一的自媒体平台，当前几乎所有互联网巨头都推出了类似的产品，叫得上名的就不下十家，如百度百家、腾讯大家、新浪创事记、搜狐全媒体平台、网易媒体开放平台、360 自媒体平台、今日头条、一点资讯、凤凰媒体开放平台、淘宝自媒体平台、极客网自明星等等。过去的两年，是自媒体的黄金时代，无论是媒体界，还是营销界，都已经强烈地感受到了自媒体的巨大势能。

自媒体时代到来以后，传统媒体的边界开始消失，有两个新趋势异常明显。第一，越来越多的“非媒体”人士，进入媒体行业。他们往往在某方面有专长，在他们擅长的领域，往往能够写出比传统媒体人更专业、更深度、更接地气的内容。这些内容的可读性和传播性都很好。随着“非媒体”内容规模和维度的不断扩张，传统媒体的既有领地不断被分食。第二，传统媒体所做的事也逐渐跳出固有的圈子，内容不再是媒体的唯一产品，越来越多的跨界项目成为媒体转型的新路径。如果你看见一家报纸在卖房子、种蔬菜、拍电影、搞培训、玩游戏、开酒店、卖字画……千万不要大惊小怪，这是新时代的新特色！

传统媒体边界的消失让人人都有机会参与到媒体的内容生产中，“人人皆媒”这样一个崭新的时代快步向我们走来。不过，“人人皆媒”并不是说人人都可以做媒体。这句话很好理解，核心的内涵是：互联网的强大信息处理与传播能力让每一个人都成为了不折不扣的“媒介”，在某些特定事件、观点的报道与传播中，个人甚至起到至关重要的作用，但这并不可持续，具有相当大的偶然性。你把互联网赋予的这份能力当成一个工具来利用料定会受益匪浅，但如果你把它当作一门“生意”来做，成功的可能性就不大了。也就是说“人人皆媒”的“媒”，更多的时候是指“媒介”，而不是“媒体”。

当然，个人支撑起一个自媒体大号的可能性也存在，并且在过去的两年，这样的案例屡见不鲜。然而，随着自媒体市场爆炸式增长的结束，普通大众也慢慢回归理性，影响力被夸大的自媒体大V迅速走下神坛，行业红利日渐消退，个人自媒体的劣势集中凸显。与此同时，在内容和营收的双重压力下，自媒体团队化运作趋势也日益明显。当前，大部分运营好的自媒体都已开始团队化运作。“罗辑思维”、“极客网”、“一条”、“吴晓波频道”、“晓说”等等，无不如此。而一些看不透趋势的个人自媒体，天天写文章、做原创，累得半死，但就是做不出成绩，粉丝少得可怜，甚至还不如一些东抄一句，西摘一段的“营销号”流量大，也不如它们活得滋润。这是为什么呢？道理很简单：一杆枪，怎么可能打过一支军队！具体来说，推广需要资金、销售需要人脉、合作需要资源、粉丝维护需要人才和时间……哪方面要做好都非一人所能，在军团作战时代，还玩单打独斗无异于以卵击石。总之一句话：自媒体草根时代已经结束！

从商业角度来看，自媒体草根时代的终结是一种理性回归，对行业的未来发展有百利而一害。不过，这也意味着“人人皆媒”的常态化，传统媒体与自媒体不再泾渭分明，只要有影响力都是好媒体、大媒体！这种新的生态格局给新媒体营销带来了巨大挑战。首先，影响力源头的分散必然带来公关、营销成本的大幅提升。要想把市场打透，企业势必要拿出更大的投入。其次，打破传统传播渠道后的信息流更加难于监控和管理，稍有不慎就有可能出现负面，危机随时可能出现。第三，“碎片化”信息泛滥，将大众注意力切分成无数不可控的独立点，单一媒体的影响力大幅缩水，传统的新媒体营销手段不再适用，甚至完全失效。第四，“人人皆媒”会带来大量信息噪音，而普通大众很难分清孰真孰假。在没有形成专门针对新媒体信息传播监管体系的情况下，虚假宣传时有发生。所以，这个时代新媒体营销的信用成本更高。除此之外，“人人皆媒”还会带信息不对称、传播节奏不可控、舆情导向复杂化等等诸多问题。如何应对这些挑战，是一个庞大的系统工程，更是一门没有标准的艺术。我们要想做好新媒体营销，必须学好这门艺术，因为：

“人人皆媒”是一个我们任何人都无法逃脱的“大时代”!

2.4　总趋势：新媒体营销无处不在

门户网站、科技博客、垂直社区、微信、微博、各种各样的 APP……这些被我们设计出来的信息工具，在不知不觉中改变了我们的工作、生活，甚至思想，而我们却全然不知；就算知道，我们也没有办法阻止，最后不得不心甘情愿地被它们裹挟！这不是电影，是现实！

试想一下我们每天的生活：

早上闹钟一响，准备起床。第一件事不是叠被子，而是打开手机。手机开机启动画面中鲜明的品牌 Logo 预示着新一天马上开始。简略浏览下昨晚错过的微信信息后，带着手机直奔 WC。坐在马桶上，我们开始刷微信、微博。我们明明知道，这里面的信息大多是狗血的八卦新闻、烦人的微商广告、无用的心灵鸡汤、美化过的宣传软文、加工过的促销信息，但我们仍会乐此不疲。如果在里面偶尔看到一条好友的个人动态，那我们简直就要乐得跳起来。

半个小时后，我们开始洗漱，牙膏上的品牌标识分外抢眼，但我们已经见怪不怪了。一番精心打扮之后，带上从某知名电商网站上淘来的背包，准备走出家门。门一开，三五张扫楼广告宣传单瞬间掉落，由于在自家门口，不得不捡起来丢掉，把它扔进垃圾桶前，习惯性地扫上几眼。终于走出家门，进入电梯，然后满眼保洁、小吃、月嫂、搬家之类的小广告，内容虽多，但这些一概习惯性忽略。

走出家门，路边户外广告牌上的画面夸张而有质感，上面某位一线大名明摆出了一副性感撩人的姿态，原来网络上传得火热的那部院线新片即将上映。好不容易挤进地铁，车座上下散落着某房地产项目的推介宣传单，由于太挤无人问津。地铁车窗上又添了一家没听说过的互联网电商公司。地铁飞驰，窗外别开生面的动画广告倒是让人眼前一亮，不过草草略过，没有太深刻的印象。因为，眼睛大部分时间仍是盯在手机上，看的内容无非新闻、图片、段子、朋友动态……，当然少不了中间穿插的广告。

好不容易到了公司楼下，大楼上的一个巨幕分外抢眼，好像换了一组新的 TVC 广告，其中一辆心仪已久的越野车拍得动感十足，煞是令人向往。随便买了点早餐，走进大楼，电梯旁已排成了长队，只好慢慢等，这时目光落在了电梯口上的 LED 屏幕上。汽车、理财、招聘、办公、旅游……内容非常丰富。终于上了电梯，站在了一家互联网金融公司广告牌的对面，随便瞟了两眼，这家公司有点似曾相识，但记不得在哪见过。不一会儿，进了公司，坐到工位上，打开电脑，边吃早餐，边收邮件，顺手删了几条无关的广告邮件，大多是群发过来的，无需细看。早餐结束，忙碌的一天开始。

工作再忙，一天也总会有那么一段时间用来网络闲逛，微博、微信、各种有意思的网站都是绝佳的去处。无论我们去哪，总会有吸引我们眼球的东西。我们不得不感叹：这个世界真是精彩，每天都有新鲜事发生，每天都有新的团购、促销，每天都有新的游戏、电影……不知不觉已经到了下班时间，这一天好像干了不少事，也好像什么事都没干。有没有进步不敢保证，但可以肯定的是，手机上又多了几条卖房、开发票、推荐酒店的短信，还被拉进几个以陌生人为主的微信群，有意无意地打开了几条链接，不过里面的内容好像记不得了。关掉电脑，走出公司，经历一场和上班过程几乎一样的“奇妙”旅程。第二天，重复昨天，周而复始……

仔细一回味，真是大吃一惊，我们每天都被广告包围了，看来营销真是无处不在。不过，我想强调的是，这些有形的硬广告并不算什么，那些看不见的无形广告才是最厉害的。被顶尖营销高手设计过的无形广告，可以伪装成任何一个他想要的外在表现形式，可以是一篇文章，也可能是一段视频，还可能是一个事件。无论何种形式，这些“无形广告”都有一个共同的特点，那就是：在不知不觉中改变潜在受众的感觉和判断，而那些被施加了影响的人甚至不认为自己看过了“广告”。

来看个案例吧。

2009 年 9 月，美国一部名为《我希望地狱也有酒喝》的喜剧电影即将上映。但广告打出去后，反响十分一般，这可愁坏了主创团队。于是，他们请来了一位颇有手腕的新媒体营销推手瑞安·霍利迪帮其出谋划策，最终他们选定了一个大大超乎常人想象的新媒体营销策略。

他们派人在自己的广告宣传牌上胡乱涂鸦，写上大骂主创人员的文字。然后拍下照片，匿名发给一些新媒体，并附上文字：“这些是我昨晚在回家的路上看到的，大概是新月高地第三街区。原来洛杉矶民众也很憎恨塔克·马克斯，真是太开心了。”

果然，有媒体“上钩”。先是一些地方媒体大幅报道了这起被“制造”出来的民众抗议活动。并且措辞严厉，不仅将塔克·马克斯说成激进分子，还大肆渲染影片中的涉性内容。很快，一个本来“虚假”的抗议事件，演变成一个“真实”的话题。普通民众在网络上对这部电影的争议愈演愈烈，关键词热度快速升温。最终，当地最具影响力的主流媒体《华盛顿邮报》也浓墨重彩地报道了此事。结果，电影一上线便大卖特卖。

看完国外的案例，再看一个国内的。

2015 年 7 月，国产神话动化影片《西游记之大圣归来》上映前一周，笔者朋友圈陆续被几篇讲述该影片幕后故事的文章刷屏。8 年心血、3 年制作、资金极度紧缺后的辛酸与坚持……等等动人文字娓娓道来，着实让人感动。随后，豆瓣、微博、新浪、网易、搜狐、腾讯等各大网络媒体纷纷转载类似文章。很快，《西游记之大圣归来》成为了当时最受期待的影片之一。

7 月 10 日《西游记之大圣归来》上映，首日排片率仅 7.80%，收获票房 1795.6 万元。然而，就在三天后，该片凭借仅仅 13%左右的排片率突破了票房 1 亿元，实现了逆袭。7 月 16 日晚，影片票房突破了 3 亿大关，超越 2015 年初上映的《熊出没之雪岭熊风》（总票房 2.95 亿），成为国产动画电影史上的票房新王者。7 月 25 日 16 时，该片又以 6.2 亿元人民币的票房，成功"登顶"中国动画电影票房总冠军。

就在大家饶有兴致地谈论《西游记之大圣归来》的幕后故事时，该片总制片人路伟在某行业峰会上自曝，"我们出了 100 多篇软文，大家看到的很多软文都是我们自己写的。我们建了几个自来水公司。我们适当的时候提供一些料出来，看似无意之举，其实都是步步为营。"唏嘘，原来，看似偶然的"真情告白"，都是演出来的！

看过这两个案例，你有何感想？是感叹真相的难得，还是要反思新媒体带来的种种虚幻？不管你从哪个维度去解读，这都是一个真真切切的现实：新媒体营销已无处不在。这个现实让我们每个人都可以理直气壮地去做营销、发广告，同时我们也无法拒绝别人的营销、广告。不知不觉中，我们习惯了这种氛围，也习惯了有选择地忽略一些信息。比如，打开 QQ 后的弹窗广告你点过几次？再如，公交车上范冰冰新做的那个广告，背后的商家是赶集网还是 58 同城，你记得吗？还有，微信朋友圈里的微商每天都刷屏，你能记住的有几个，或者说你屏蔽了几个？此类案例不胜枚举。总之，就是在这样一个营销无处不在的世界里，人们的行业习惯和思维逻辑已经发生巨大改变，这种改变也带来了一系列营销方式的失效。

当前，微博广告的衰落已是定局，微信广告上线不久也已现疲态，传统门户类网媒的 Banner 广告更是百无一用。在这种情况下，无论是企业自己，还是公关公司，都在积极寻找更多的新营销手段。而随着更多新型营销模型的不断涌现，传统营销模式所赖以生存的生态体系正在加速坍塌。而身处其中的我们，要么固守传统营销方式，坐等被淘汰；要么与时俱进，拿出勇气拥抱新方法，博出一个未来。

这，就是我们身处的时代！

第3章　传统营销体系的坍塌

“不想当将军的裁缝不是好厨师！”

不知道从什么时候开始，“跨界”被赋予了时尚色彩。互联网时代，一家企业如果不懂玩跨界，那么他一定会被视为“老古董”。近一两年，甚至有一种说法认为：未来十年，中国商业领域将迎来大规模跨界时代。这个时代，越来越多的行业边界开始模糊，跨界竞争慢慢成为常态。那些善于运用互联网开展跨界经营的企业将更加得心应手。而那些不敢，或者不会跨界的企业，将陆续被“打劫”！

不得不承认，“跨界打劫”已成当前互联网领域最热门的词汇之一了。随着互联网企业业务范围的不断扩张，我们看到了一个又一个“跨界打劫”的成功案例。微信打劫了中国移动，京东打劫了苏宁，余额宝打劫了银行，滴滴打劫了出租车，淘宝打劫了线下超市，微博打劫了媒体……在笔者看来，跨界打劫之所以能够成功，其实是这个行业赖以生存的土壤发生了改变，而早已习惯了旧有生态系统的传统企业，在日日重复的经营中陷入思维定式的死角，根本无法察觉外部环境的变化，以致对新的变革与机遇视而不见，当意识到跨界者的威胁时，已无法挽回局面！

我们来看两个案例吧！

案例一：柯达是胶片相机时代的绝对王者，巅峰时市值一度高达 310 亿美元。然而，就在柯达如日中天的 1998 年，一场影响全球市场格局的数码技术革命来临。习惯了“躺着”赚钱的柯达，尽管是第一台数码相机的发明者，但在数码大潮汹涌来袭之时，由于担心胶卷销量受到影响，一直未敢大力发展数字业务。而蹒跚的转型策略，让柯达错过了市场先机。

2000年之后，全球数码市场连续高速增长，翻了差不多两倍，而全球彩色胶卷的需求开始以每年10%的速度开始急速下滑。2002年，柯达的数字化率只有25%左右，而竞争对手富士已达到60%。在接下来的几年中，柯达急转直下，到2011年9月市值已降到了21亿美元，十余年蒸发99%！2012年1月3日，因平均收盘价连续30个交易日位于1美元以下，纽交所已向柯达发出退市警告。2012年1月19日早间柯达提交了破产保护申请，此前该公司筹集新资金进行业务转型的努力宣告失败。

案例二：索尼开创了个人随身音乐播放行业的先河，其重磅推出的个人随身音乐播放器Walkman（随身听）狂卖2亿台，甚至成为了此类产品的通用代名词。他们在巅峰时期一度想收购正在陷入经营困境的苹果。然而，经过一系列复杂市场调研与考察之后，他们得出的结论是：苹果是一家没有价值的公司，不值得收购。然而，就是这家在索尼眼里“一文不值”的苹果，在接下来的几年里彻底颠覆了他们。2001年10月23日，苹果推出了一款堪称划时代的产品——iPod。这款产品没有采用当时主流的磁带介质，而是用全数字化替代。5GB存储在现在看来简直弱爆了，但在当时绝对属于世界一流！iPod很快吸引了年轻人的目光，极大地挤压了索尼Walkman的市场份额，致使Walkman成为历史！

当时，索尼是磁带随身听产品的绝对霸主，苹果要想在这一点上与索尼竞争，无异于蚍蜉撼树。但寻求出售失败的苹果选择了一条完全不同的路，这条道路上没有其他人，苹果是唯一的游戏规则制定者。当他的新产品横空出世时，由于没有竞争者，苹果也就理所当然地成为了No.1。难怪有人说“三流企业卖产品，二流企业做品牌，一流企业定标准”。看来这个案例也真是跨界打劫的经典之作！

这两个案例，不同的人看，会有不同的解读，我从中看到了跨界打劫的本质。即：在技术条件、用户需求、人才储备、竞争格局等一系列外部环境发生变化时，利用一套全新的推广打产品策略和市场游戏规则，快速狙击在位企业。诚如前文所说，后来者之所以能够狙击成功，主要有两个原因：一是外部环境变化了，二是在位企业反应缓慢。外部环境变化是前提，没有这个前提，跨界打劫无从下手。当前，新媒体市场正在经历一场空前变革，传统营销体系也迎来了跨界打劫的时代。或许，很多传统营销人还没有发现，但旧有的营销体系已经在新规则冲击下开始坍塌了。

既然外部环境变化是导致跨界打劫能够成功的前提，那么我们就先来看看新媒体营销的外部环境发生了哪些关键性变化吧。

3.1 从 PC 到移动

从新媒体营销的角度看，过去的十年是 PC 主导的十年，但从 2014 年开始，移动渐成主流。统计数据显示，当前我国移动网络流量增速远超 PC，在娱乐、新闻、购物、游戏等主流互联网应用领域更为明显。值得一提的是，2015 年第二季度，移动端网购交易规模首次超过 PC 端，成为网购主要消费渠道。

“从 PC 到移动”是一个值得所有新媒体营销从业者深思的现象，因为在不久的将来，最有竞争的营销策略都将建立在移动端，而那些风光一时的 PC 策略将慢慢褪色，最终可能完全退出历史舞台。不要觉得这是一个漫长的替代过程，大风暴随时都可能来临。对于 PC 端营销的衰落，极客网总编辑朱飞幽默地说，“PC 已死，缓刑 18 个月！”

事实上，大部分冲在一线的新媒体营销人早已意识到了移动大潮的不可避免，如滔滔江水不可羁勒，一些拥有前瞻眼光的机构也已开始布局。我们来看一个案例。

2014 年 5 月，成立于 2006 年的老牌网络媒体社区鞭牛士宣布与 WeMedia、岩浆互动合并，新成立的 WeMedia 集团公司主营自媒体联盟，为企业提供新媒体营销服务。一年后的 2015 年 9 月 9 日，鞭牛士突然宣布关闭 PC 站，并在公告中含情脉脉地说：“关站并不意味着 Bianews 品牌消失，我们只是移步到了效率更高的微信，如果您还对我们提供的内容感兴趣，不妨去微信找我们。相逢的人会再相逢。”显然，鞭牛士放弃 PC 站是为了专攻移动端，十分决绝，非常彻底！

对于鞭牛士 PC 站关闭的原因，其创始人陈中在一篇博客中这样写道：“关掉网站，心里有些难过，但这又是必须要下的决定。网站效率越来越低，PC 的日子真的不多了，就连我都不会每天登录自家网站看新闻，可想而知它存在的价值还有几何。”陈中还强调：“现在的 Bianews，更像是一个纯 CP（内容提供商）。我们不再拥有所谓的自有渠道，所有的内容推送渠道都是第三方，我们在微信公众号里，我们在搜狐客户端里，我们在新浪微博里，我们在今日头条里，我们在百度百家里。”

从本质上看，WeMedia 是一个新媒体营销公司，他们在 2015 年这个关键节点上放弃 PC 端，具有非常大的参考意义。不同公司的状况不同，服务的客户也有差异，对未来挑战的感知更大不一样，但他们都在经历同一场从 PC 到移动的信息革命。也许完全放弃 PC 并不适合所有公司，但从现在开始，布局移动端一定是个明智的选择。

对于企业中的新媒体营销决策者来说，深刻理解“从 PC 到移动”这种转变更为关键。现在是一个快鱼吃慢鱼的年代，企业每一分营销预算都要花在刀刃上。在移动营销风口吹来之时，如果还将主要精力放在 PC 上，定会错失良机。损失些资金倒是小事，被搅局者“跨界打劫”了就太让人伤感了！事实上，越来越多的企业已经开始将新媒营销预算有意识地向移动端倾斜。极客网预测，未来 5 年企业移动营销支出将持续增长，到 2020 年移动广告在数字广告支出中的占比将达到 80%。

总之，“从 PC 到移动”已经成为当前新媒体整合营销的一个基本条件，在这个条件下，很多传统营销模式的效果将大打折扣，甚至完全失效。所以，无论是营销公司，还是企业都应提前做好准备。正如小米创始人雷军所说的那样，“顺势而为，不要与趋势为敌。”

3.2 从“硬广”到“软广”

回想上个世纪 90 年代，那真是“硬广”的黄金时代，无论什么产品，只要肯花钱在电视上砸广告，都会大卖特卖。毫不夸张地说，那个时候，做媒体营销，靠的不是策略，而是胆量。还记得那个让无数国人以为电视死机的广告吗，“羊羊羊 恒源祥”持续二十多遍，真是一个天大的奇葩！但在那个年代，奇葩也能让产品大卖。然而，在接下来的十几年里，广告泛滥成灾，普通大众也对五花八门的广告产生了抗体，习惯性忽略成为常态。当前，无论电视媒体、网络媒体，还是移动媒体，都正在面临“硬广”效果持续下滑的尴尬局面。

随着硬广告效果的持续下滑，厂商在“硬广”方面的营销预算也不断减少，取而代之的是更易被大众接受的软广告。比如，电影中的麦当劳，游戏中的道具，市场报告中的品牌 logo，新闻报道中的新奇产品……我们正迎来一个“内容即广告”的新时代。小米、乐视、百度、华为、联想，甚至一些创业企业，都已开始积极尝试内容即营销的软广策略。而普通大众，对于这种“软广”的接受程度，普遍比“硬广”要高。

你是否有过这样的经历，朋友圈突然发现一组制作精美的漫画，人物鲜明，情节动人，然而读到最后发现是某理财公司的广告，但你还是毫不犹豫地把这幅带广告的漫画分享到了朋友圈。或者，你偶然读到了一个凄美的爱情故事，当你完全沉浸在主人公坎坷的人生经历时，故事戛然而止，最后的结局是：买房要趁早，××小区盛大开盘。尽管有些小失望，但你还是记住了这个故事和这家房产商。亦或，你打开了一个视频，内容是一名创业者在分享自己的心路历程。尽管自始至终都是他一个人在那里自说自话，但你不觉得这是广告，因为你学到了东西。毫无疑问，广告“软”起来了。

以上三种情况，其实都是软广告的具体表现形式。在现实的商业生活中，类似的案例不胜枚举。总的趋势是，软广告越来越流行，硬广告日渐衰落。从本质上看，这是与承载广告的载体、用户消费内容的时间等属性息息相关的，背后的逻辑是“仆随主变”——用户是主人，当主人的行为习惯、消费时间等发生变化时，作为仆的广告也要做出相应变化，以迎合主人的需求。我们再来看两个需要系统化运作的“软广”案例吧。

案例一：2015 年，华为 Mate 7 成为了国产手机中的一匹黑马，不仅销量节节攀升，还一度登顶国产中高端手机关注度榜首。华为 Meta 7 在高端商务人群中受追捧程度更是非同凡响，好评率一点不亚于苹果 iPhone。Mate 7 的成功让华为坐实了国产高端手机的头一把交椅。自 2015 年 5 月开始，关于华为 Mate 8 的消息就开始越来越多地见诸报端。无论是谍照，还是硬件参数，亦或价格猜测，都吸引了大量消费者的目光。人们阅读这些信息，更多的是抱着一种猎奇心态，而没有把他们当成广告。你认为这些信息都是网友偶然发现，或记者主动挖掘出来的吗？在国内，哪家公司的安全策略比得了华为？显然，有节奏、有计划地对外释放信息，是华为手机品牌推广与销售预热的重要手段，这些信息不是广告，却胜似广告。特别是在今日头条等移动客户端，到处弥漫着 Mate 8 的消息。经过一系列铺垫之后，华为 Mate 8 终于在 2015 年快要结束前发布了。真好个“千呼万唤始出来”！想想看，那些 Mata 系列的忠实粉丝们，这时恐怕是早已迫不及待了，Mate 8 大卖也就是必然了。

案例二： 国产古装传奇电视剧《琅琊榜》离上映还有一个多月，各种幕后花絮就已在各大网媒传开。胡歌如何无明星架子，刘涛怎么抱病坚持拍戏，王凯为演好角色增肥多么辛苦……等等细节陆续曝光。这些消息明明都是该剧上映前的预热广告，但由于包装得当，消息释放节奏适当，大众读者非但不反感，反而非常喜欢。结果，该剧一上映就博得了一个满场红。随着《琅琊榜》剧情的展开，第二波传播悄然而至。与以大部分挖小道消息的策略不同，《琅琊榜》主创团队打出了技术牌。“近年来最有良心的古装剧”、“礼仪严谨”、“构图精良”、“特效考究”等等信息陆续放出，引得很多从来不追剧的人也要去一看究竟。紧接着，第三轮、第四轮、第五轮……每一轮传播，都有不同的主题，但读者全然不会以为它们是广告。毫不夸张地说，在同期的电影电视剧营销造势中，《琅琊榜》真算是将内容即广告做到了极致。结果可想而知，这部制作精良的国产电视剧，理所当然地成为了同期收视率（包括网络）最高的电视剧。

从这两个案例中你是否看到了“软广”的价值和魅力？在信息爆炸的时代，用户并不缺少信息，但却缺少对的信息。软广的核心就是把需要传播的内容嵌入到受众需要的信息里，或者直接把要传播的内容做成受众需要的信息。看到这，也许有人会质疑，前一种做法非常常见，可行性也相对较高，但后一种做法似乎有点异想天开。资讯类信息还可以伪装成新闻，实体产品如何伪装？广告毕竟是广告，再美化也不可能做出新闻的效果。在传统营销框架下，这种想法没什么不对，但站在“从‘硬广’到‘软广’”这个角度来分析，这种想法就有些过时了。看过下面这个案例，你一定会对“软广”有一个更深的认识。

案例三： 有一款叫 ENJOY 的移动 APP，打出了精选限量美食的口号。通过一系列内容营销，硬生生的将食品电商做出了文艺范。ENJOY 的定位非常精准，只为中国正在日益崛起的上亿中产阶级提供高质量精选餐饮产品。页面设计也非常简捷，流畅的瀑布流显示最新上架的高质量产品。从用户体验层面考虑，如果仅是食品的简单罗列，这款产品无异于一个巨大的广告收集器。然而，同样是产品罗列，注入定制和精选精神后的 ENJOY，却表现出了完全不同的平台气质。短短两三年时间，ENJOY 已发展成为国内最受欢迎的移动时尚美食电商推荐平台。

除了 ENJOY，导购电商网站“什么值得买”也选择了类似的运营路线。即：内容即产品、内容即营销！随着时间的推移，类似的平台还在持续增加中。如果你有好的产品，想办法利用这样的新媒体平台做内容营销，定是一件名利双收的买卖！我想强调的是，从硬广告到软广告已经成为当前新媒体整合营销的一个大趋势，要想与时俱进，不被历史淘汰，我们必须了解并顺应这个大趋势。

3.3 从单向到互动

小米联合创始人黎万强在形容小米模式成功的关键时只用了三个字：参与感！短短三个字，却非常传神地描绘出了互联网时代新媒体营销的核心精髓！

参与感是什么？其实就是互动！随着互联网，尤其是移动互联网的快速发展与普及，普通大众手上的信息权利得到了前所未有的提升。通过互联网，他们不仅可以方便地与媒体互动，还能更加便捷地与厂商直接沟通，当自己的诉求得不到满足时，他们甚至可以组成联盟，快速团结大量拥有相同诉求的人，把声量放大，倒逼目标方响应。这种情况在传统媒体时代是无法想象的，但在新媒体时代，几乎每天都有类似事件发生。

在相对开放的网络环境中，用户不再甘心只做旁观者，而是要做主宰者。打开网易新闻客户端，随便打开一篇文章，看一看评论的条数和内容，你就知道中国网民是多么地渴望自我表达和与他人互动了。近年来，随着论坛、社区、微博、微信等社会化媒体渠道的快速发展，互动条件愈发成熟，越来越多的新媒体开始响应普通用户需求，强互动的媒体产品渐成主流。这种变化给新媒体整合营销带来了一次新的革命。随着用户注意力的不断转移，传统单向广播式广告越来越不受欢迎，越来越被赤裸裸地忽视。

当前，评判一次营销活动好坏的标准不再是广告的覆盖率，而是传播的影响力。广告的覆盖面再广，核心价值观不被认同，也仍然是徒劳无功的。换句话说，互联网时代，美誉度比知名度更重要。之所以会这样，是因为社会化媒体强大的互动与社交功能强化了圈子的影响力，影响用户购买决策的关键因素不再是广告的覆盖能力，而是潜在用户身边朋友的评价，也就是我们常说的口碑。2013 年以后，互联网思维的持续升温，越来越多的厂商开始转变产品经营思路，加大力度迎合用户的参与热情，口碑营销顺势大热。

口碑营销成为主流之后，以电视、报纸、杂志、户外电子屏等单向传播为主体的媒体营销方案将慢慢退化为边缘角色。由于历史原因，这些方式不会马上消失，未来相当长的一段时间内，这些方案仍然会发挥重要作用，但他们一定会成为配角。拥有更大爆发力的口碑营销方案将逐渐从边缘走向核心，最终成为新媒体营销体系中的绝对主角。角色互换之后，传统营销体系日渐式微的趋势愈发明显。

说到口碑营销，不得不再说回小米。在雷军“口碑就是一切”的核心思想指导下，小米创造了一套完善的互动传播与口碑营销体系，他们将产品更新周期缩短到一周，并且把粉丝提出的典型问题作为更新主线，让用户深度参与产品研发。最终，用户帮助小米提高了产品体验，小米又将用户自己设计的产品卖给他们，形成一个非常完美的一个闭环。由于参与感十足，粉丝们更愿意主动帮助小米做品牌传播，进而带动更多粉丝购买。更重要的是，小米开创了一种灵活实用的反馈激励机制，新进来的粉丝立即可以参与到下一代产品的研发当中。如此，良性循环逐渐形成。

小米模式如此清晰，就算一个初出茅庐的学生也能很快看明白，但就是这么一个简单到不能再简单做法，却鲜有人学得会。自 2010 年 4 月小米公司成立以来，小米模式的跟风者无数，却再也没有出现第二家“小米”。由此来看，互动营销比单向传播要复杂得多！

在小米之后，又有一家国产手机脱颖而出，近一年来这家手机厂商的口碑甚至要好于小米。更值得一提的是，这家公司并非互联网出身，甚至做手机之前根本没有面向个人的产品。然而，就是这样一家传统公司硬是把口碑营销做到了极致。这家公司叫华为。

与小米相比，华为的组织架构要复杂得多，分工也更加精细。拿品牌与传播来说，中国区有中国区的负责人，海外有海外的负责人，每条产品线还有独立的推广团队。看似臃肿重复，但由于分工得当，配合默契，实际工作效率非常高。在互动式口碑传播方面，华为有着一整套自己的独特打法。简单来说，就是线上线下相结合。华为线上有自己的花粉社区，也有分工明确的微博、微信等社会化账号体系。这些线上资源可以无缝对接华为一系列的线下活动、广告资源，以及同业论坛、会展。与小米一以贯之的策略不同，华为的口碑营销更像是一张巨大的网，由点及线，由线及面，点点相接，环环相扣，步步为营。如果这么说比较笼统，我们来看一个实际的案例吧。

开手机发布会去哪里？798？国家会议中心？水立方？都 OUT 了，移动时代，手机发布会也可以动起来！2014 年 8 月 15 日，华为在风景秀丽的青海湖，上演了一场别开生面的“移动”手机发布秀。在行进中的大篷车上，华为发布了其与中国电信重磅打造的 2000 元档年轻手机麦芒 C199。同期，华为还组织了由好声音学员张恒远及来自全国的花粉、高校大学生和资深驴友组成的 150 人队伍，一同环青海湖的骑行，三天内他们将骑行 199 公里。拉风的大篷车+浩荡的骑行队，扑面而来的青春气息，华为麦芒 C199 这场“移动”发布秀，让我和我的小伙伴们都惊呆了！这还是我们认识的那个“技术宅”华为吗？

线下声势浩大，线上也一点都不逊色。各大媒体争相报道的同时，华为还邀来数位重量级的大 V 助场，几篇有针对性的深度文章发出后，华为麦芒手机立即成为业界焦点话题。短短几天时间，华为大篷车顺理成章地进入百度热搜榜。紧接着，微博、微信、社区纷纷跟进，几篇以“锋芒毕露，磨砺青春”为主题刷屏级文案又陆续爆出，年轻一代强烈地感受到了“麦芒无畏生长”的品牌理念。在强大的精神势能推动下，5.5 英寸高清大屏、一体化金属机身、2.85 毫米极窄边框、1.4 秒极速抓拍、3000mAh 的大容量电池、支持全球最快的 4G LTE 网络、内置专属定制的好声音 APP……华为麦芒 C199 的这些特性很快得到了年轻人的认同。通过这次活动，华为手机获得了口碑、销量双丰收！

这个案例，操作手法其实并无新奇，之所以大获成功，关键也落在了两个字上面——互动。

小米和华为的案例让我们清晰地意识到，新媒体整合营销的外部环境正在发生剧烈变化。这个变化最大的特征就是信息传播的主流路径由单向广播变成了双向互动。在这种情况下，用户口碑变得异常重要。然而，口碑营销并没有一定之规，无论是小米模式，还是华为模式，都不一定适合所有企业。互动营销时代，企业要想做好口碑，必须针对自身情况，定制专属自己的新媒体营销策略。

时间不等人，马上规划起来吧！

3.4　从传统媒体到自媒体

前文提到，随着“人人皆媒”时代的到来，自媒体的影响力空前提升，自 2012 年开始，新媒体营销的注意力也不断向自媒体倾斜。短短不到三年时间，旧有营销体系就已经强烈地感受到了自媒体快速发展所带来的冲击。

首先，自媒体强势抬头之后，最有效的营销方式，不再是砸钱买广告，而是巧借话题控制媒体信息流。这是因为，自媒体数量多如牛毛，全部“收买”根本不可能。就算企业肯花钱，一个一个地谈也不是件轻松的事，更何况有些自媒体你根本不认识，甚至不知道还有这一号人！所以，通过巧妙的话题策划，吸引自媒体来关注，再通过一系列爆料，引导舆论走向才是更明智的选择。也就是说，传统营销重渠道，新媒体营销重内容。传统营销是花钱找媒体，新媒体是让媒体自己找上门（如何做到这一点，在本书后续章节将详细阐述）。

其次，自媒体时代来临之后，内容策划和营销创意变得愈发重要。然而，最好的创意不可能来自第三方，自力更生才是主选项。因为，第三方再尽心，也不可能像自己那么了解自己。并且，口碑营销时代，用户的每一个反馈都可能影响产品的下一步走向，而第三方营销机构不可能有这个敏感性。所以，建立一支专业化的内容运营团队是新时代企业的最佳选择。随着社会化媒体的大行其道，越来越多的企业开建团队打理日常营销工作。这样一来，传统营销公司的业务少了一大块，但企业自己却因此变得更懂媒体，也更懂新媒体营销！

第三，自媒体市场影响力大幅提升之后，最好的媒体营销渠道不再是电视、报纸、杂志等传统媒体，也不是新浪、搜狐、网易等网媒，而是更具弹性和社交属性的社会化媒体渠道，如微博、社区、微信、QQ 空间等等。主要原因有两个，一是社会化媒体渠道本身就是自媒体的发源地，所有内容都由此而出。二是社会化媒体渠道的互动能力更强，可以将自媒体的声量放得更大。不过，这样一来，传统媒体营销惯用的打法就不再适用，企业需要根据需求定制更有效率的整合营销方案。也就是我们经常说的“打好组合拳”！

从“传统媒体到自媒体”是当前新媒体营销必须要考虑的问题。在新的营销体系中，操作手法、执行团队、渠道策略都要有所变化，只有适应新时代环境的营销方案，才能获得最佳营销效果。不断摸索前行中的我们，需要在实践中不断学习，不断超越！

总之，从PC到移动，从“硬广”到“软广”，从单向到互动，从传统媒体到自媒体……种种迹象已经表明，在移动互联网大潮的洗涤下，传统营销体系赖以生存的土壤正在消失，用不了多久，一场前所未有的营销大变局即将呼啸而来。对于所有新媒体营销从业者来说，除了顺应趋势，迎接挑战，别无选择！

好消息是，随着传统营销体系的坍塌，一个更具魅力的新体系正在加速形成。而在新的格局里，每个新媒体整合营销从业者都会迎来更加广阔的施展空间。

第 4 章　崛起中的新生态

纵观整个新媒体营销发展历史，每一次信息媒介的升级换代都会带来营销手段的大洗牌。当前，电视媒体的精英光环刚刚褪去，传统网媒的主导优势就已不再。2009 年以后，微博、微信、36 氪、虎嗅、极客网等一大批时代特色鲜明的新媒体平台陆续问世，国内新媒体营销环境大变，一场前所未有的行业大变局不期而至。自此，营销人的媒体投放计划的主轴慢慢由传统网媒迁向新网媒。如同我们前面章节所讲，随着媒体环境的变迁，旧有营销体系慢慢坍塌，新的营销生态逐渐形成。

放眼当前市场，80 后、90 后俨然已成新媒体营销的主力军，相比上一代营销人，他们的思维更灵活，创新意识更浓烈，对新模式的接受速度也更快。比如，2013 年微博的疲态还未完全露出，就已有一大批 80 后微博大 V 悄然转战微信。所以，在这批颇具前瞻眼光的新生代力量推动下，短短几年时间，新媒体营销渠道所发挥的效用已经占了上风，进而带动越来越多的营销人开始将加大力度布局新生态。

所谓新生态，其实是一个相对概念。在中国，任何行业的变革都是“演进”多于“颠覆”，在新媒体营销市场也不例外。所以，新营销模式出现以后，老的营销模式不会立即退出历史舞台。比如电视媒体出现后，传统广播中的广告没有消失，只是影响力被稀释了。同样，网媒大行其道之后，电视广告也没有消失，只是价值被重新定义了。不难预见，未来相当长的一段时间里，新老媒体营销生态将长期共存，并且会在彼此的不断交锋中衍生出更多新模式。

对于所有新媒体营销从业者来说，新生态的快速崛起既是挑战，也是机遇。挑战是指，随着新老营销体系共存格局的形成，新媒体营销运作将变得更加复杂，效果更难预测。机遇则意味着，在新生态体系下，砸钱买广告的时代一去不返，营销人的策划能力将取代资本，成为新媒体营销成败的关键。比如，要想炒热一个话题，单纯购买广告位是不够的，还要有好的方案，动听的故事，大 V 的烘托，以及一系列有节奏的传播预热。所以，新环境会给新媒体营销从业者带来更多新“花样”和更大的市场空间。

极客网预测，未来三到五年新媒体营销市场仍将保持高速增长态势，年复合增长率有望达到 30%，助力中国传媒行业整体市场规模在三至五年内突破一万亿元。如此大的市场蛋糕，必然招来大量抢食者，而谁能成为最大的赢家，现在仍然存在很大变数。可能是当前广告、公关业的巨头，如奥美、蓝色光标，但更有可能是 BAT 之类的互联网公司，总之，在“跨界打劫”盛行的时代，什么结果都可能发生。对于那些规模较小的新媒体营销机构来说，现在需要做的，除了坐等新竞争格局到来之外，也应该提早布局，争取分到一杯羹。

说到提早布局，就不得不讲一讲新生态有哪些新特征、新趋势。在笔者看来，导致旧生态坍塌的原因非常复杂，同样新生态崛起的条件也并不简单，新生态尚处于发展初级阶段更是千头万绪，每一个细节的转变都可能对未来产生深远影响。作为一名走在时代最前沿的新媒体营销实践者，我们既要看到事情的复杂性，保持敏感，随时准备调整策略，又要看清事态的主线，不能眉毛胡子一把抓，而要做到轻重得当，缓急适宜，谋定后动！那么，接下来我们就去看看新生态中的“主旋律”吧！

4.1 趋势：按效果付费

按效果付费，就是我们常说的效果营销，即：按效果计费的新型营销模式。在这种模式下，广告主根据广告发布后的用户行为数据进行费用结算。这种后付费的结算模式对于广告主来说，规避了投入的风险。

效果营销并非什么新概念，早在十年前就有营销人士将“按效果付费”理念引入到广告运营体系中，只是那时的效果评估非常粗糙，可行性也不高，所以在市场上并没有产生太大反响。但随着互联网时代的到来，广告效果监控变得更加容易，按效果付费这种利好广告的结算模式自然顺势抬头。经过几年发展，效果营销已经发展出了一套较为成熟的运营体系。主要形式包括以下几种。

CPC：Cost Per Click，按用户点击付费

CPC 是最早的按效果付费广告形式，即根据广告被点击的次数收费。如搜索引擎的关键词广告，大部分采用这种定价模式，比较典型的工具有 Google 广告联盟的 AdSense for Content 和百度联盟的百度竞价广告。

CPC 的适用范围比较广，这种模式加上点击率限制可以加强作弊的难度，网民的每一次点击就会为广告主带来真实的流量或是潜在的消费者。不过，近年来，广告的点击率持续下降，2000 年前后，网页广告的平均点击率高达 10%～30%，而现在这个数字已经降到 0.3%～0.5%。因此，越来越多的媒体和企业开始拒绝 CPC 广告。

CPA：Cost Per Action，按用户行为付费

CPA 是按效果付费广告的最常见形式之一。CPA 中的 A 即 Action，也就是行为。A 可以定义为点击，也可以是下载，亦或注册。总之，它是广告主与营销媒介双方约定的一种用户行为。广告主按用户行为数据与营销媒介结算费用。对于营销媒介，这种模式有一定风险，但一旦效果好，收益也比普通广告要好得多，更重要的是广告主的忠诚度和重复使用率将大

幅提高。

CPA 最适用于游戏、工具软件、休闲 APP 等大众普适度高的产品，因为营销媒介的收入建立在大量 Action 的基础上，冷门产品的 CPA 广告往往无人问津，或根本争取不到优质的媒体资源。比如，火狐浏览器利用 CPA 广告曾创下月度下载千万级的佳绩；而某款理财应用，上线半年下载不过一万多次！

CPS：Cost Per Sale，即按销售数量付费

从客户价值最大化角度考虑，CPS 比 CPA 的效果更直接。当前，CPS 已经成为按效果付费广告的核心成员。在 CPS 广告下，无论用户点击多少次、使用多长时间，只要不产生实际销售，广告主就无需支付费用，因此对于广告主来说，CPS 是一种更保险的营销模式。但对于营销媒介来说，这种模式相当于完全抹掉了广告曝光带来的品牌宣传价值。所以，营销媒介在做 CPS 项目时，资源选择更加谨慎。

目前，国内可用的 CPS 工具大大小小数百种，覆盖大量的个人网站、博客、导航类等网站。不过，由于 CPS 对转化要求极高，愿意上此类广告的优质媒体资源并不多。在这种情况下，CPS 更适用于电商平台和大众消费类产品。

除了以上三种方式，按需付费广告还有很多“花样”，如 CPM，Cost Per Mille，按每千人成本计费；CPT，Cost Per Try，按试玩付费；CPT，Cost Per Time，按用户关注时长付费，等等。随着移动互联网的快速普及，无论是普通大众，还是精明的广告主，都越来越懂媒体，也更懂营销。所以，以后的新媒体营销项目，不论是广告发布、软文推广，还是事件营销，都将按效果结算费用。这并非空话，眼前就有一个案例。

2015 年 4 月 26 日，娱乐圈萌叔组合“毅光年”千万级战略投资国内 P2P 网贷新秀“邦帮堂”，打响了明星投资 P2P 网贷的第一枪。国内知名新媒体营销机构中观网信和我们的科技金融新媒体极客网，作为此次合作的独家整合营销与传播承办方，最终拿出了一个长长的“按效果付费”清单。具体为：

（1） 极客网专题页面：30 万+读者覆盖，10 万+精准阅读。×××元人民币。

（2） 3 篇深度稿：20 万+精准阅读，×××元人民币。

（3） 微博话题：36 万+阅读，5000+讨论，×××元人民币。

（4） 微博博文：1.6 万+阅读，3800+转发，1900+评论，×××元人民币

（5） 微博话题热门榜：前 100 名，×××元人民币。

（6） 媒体推广：覆盖 20 家财经、金融媒体，×××元人民币。

（7） 百度乐播：有声新闻 5 万+精准人群覆盖，×××元人民币。

（8） 极客早点：图文内容 1.1 万+精准阅读，×××元人民币。

（9） 大 V 转发：20+微信微博大 V 转发，×××元人民币。

（10） 微信粉丝增加：×××元/1000 个。

…………

总之，“按效果付费”将成为新媒体整合营销的大势所趋。从今天开始，每一个新媒体营销人都要重新审视自己手上的资源和方案，把务虚的砍掉，把务实的细化！

4.2 方法：组合拳

没有哪个时代的媒体种类能像现在这么丰富，电视、报纸、杂志、门户网站、新闻 APP、微博、微信、户外广告牌、楼宇广告牌、图书、电影……随着媒体种类和形式的不断增加，新媒体营销成败与否，早已不是某一个渠道所能决定的了。当前，企业要想做好新媒体营销，必须充分利用各种媒体渠道打好组合拳。

在新的营销体系中，所有媒体版位资源都是工具，支撑新媒体营销成功的关键是背后的传播策略。只有工具，没有策略，无异于放盲枪。而只有策略，不懂运用工具，则是纸上谈兵。所以，做好新媒体营销，工具、策略缺一不可。

如何选择有效的媒体渠道是一门博大精深的艺术。选好了事半功倍，选错了徒劳无功。在笔者看来，新媒体营销选择渠道最核心的要求是：根据自己产品的气质和特色选择适合的渠道和媒介，而且不能把所有的希望压在一个渠道上，要打好组合拳，通过各种手段把自己产品的理念表达出去，传播出去。

五六年前，很多大公司，包括 BAT，还有一些像华为这样的传统厂商，他们在选择媒体渠道的时候，大部分营销预算都用在了报纸、电视以及杂志等传统媒体上。但近两年，他们的预算慢慢分散开来：在传统媒体上的投入比重大幅下滑，而大部分营销预算都投入到了微信、自媒体、网络媒体以及一些你可能都不知道的垂直领域、细分领域的媒体。这是厂商营销策略的转变，也是大时代下的必然之选。

越来越多的公司选择新媒体渠道，是因为随着外部媒体环境和用户阅读习惯的变化，传统媒体的价值在慢慢缩水，而那些更有针对性、更加细分的垂直化媒体的价值却在增加。与此同时，移动大潮汹涌来袭之后，大量移动新媒体的广告价值顺势做大，如今日头条、网易新闻客户端、一点资讯等等。在这种情况下，所有老媒体的传播价值都被稀释，新媒体营销要想达到最佳效果，必须是电视、报纸、网媒、移动 APP 等渠道同时铺开，而不能囿于概念单独盯住新媒体。

如果预算有限，必须舍去一些渠道，那么也不要把所有精力都压在一家媒体上。看到这，也许有人会反驳，既然预算有限，那更要集中力量单点突破，只有这样才能把广告打透，否则蜻蜓点水，根本见不到效果。这话，没错！但需要注意的是，我所说的组合拳并不是指某一个项目上的单次策略，而是一年、三年、五年的长线策略。某一次营销，完全针对电视媒体或许没有错，但所有营销都针对电视媒体就大错特错了。这是一个多元传播的时代，我们必须充分认识组合拳的意义。

还是来看两个案例吧。

案例一：加多宝逆势大败王老吉

加多宝，以前并不叫加多宝，而是叫王老吉（背后的恩怨情仇我们不多说），突然更名之后，几乎没有人知道，如何“夺”回自己“应有”的品牌形象成为其快速打开市场局面的最大挑战。不过，困难没有难倒加多宝。第一波攻击从网络开始。

还记得 2008 年那场“惊心动魄”的“封杀王老吉”事件吗？“1 亿捐款”、“封杀”、“够狠”、“嚣张”……一系列颇具煽动性的词汇让亿万网友一夜之间知道了加多宝。紧接着，财大气粗的加多宝开始以铺天盖地之势轰炸电视媒体，央视、湖南卫视、浙江卫视、东方卫视、北京卫视……几乎所有主流卫视都被加多宝拿下。然后，微博“刷脸”、抢占各大报纸头版头条、疯狂冠名各种线下活动……一系列相结合的营销举措落实下去之后，加多宝品牌硬生生地打出来了。

我们不得不感叹，加多宝这个组合拳真是厉害，短短几年时间，大家几乎忘了王老吉！尽管官司上加多宝输了不少，但在新媒体营销这个主战场上却完胜王老吉！不过，我想强调的是，加多宝与王老吉之间的战争远远没有结束，下一轮拼杀还有更精彩的戏看。未来几年，变数重重，哪一个能胜出谁又能料得到呢？

案例二：小米巧打组合拳

小米是被业界公认的新媒体营销顶级玩家，创始人雷军也一度宣称小米从来不购买媒体广告，只做基于社会化媒体的口碑营销。然而，小米还是斥巨资年拿下了央视 2015 春晚开始前的黄金广告。不出意外，2016 央视春晚前的广告，小米仍然不会缺席。真是让人费解，新媒体营销“一哥”

也需要买传统媒体广告？

值得一提的是，小米对多如牛毛的垂直媒体、科技博客、自媒体也不是不闻不问，而是能拉拢的拉拢，不能拉拢的尽量不得罪，偶尔还会主动向他们透露一些“敏感”信息。每次开发布会，媒体区也都是座无虚席，少则数十家，多则上百家，场面一点不输其他传统厂商。另外，小米有专门的媒介经理负责送试用品，每次新产品上市，他们都会邀请记者、大V、达人试用。当然，他们获得的是更多报道和传播。由此来看，小米的新媒体营销策略打的也是组合拳，只不过有主有次，有的媒体渠道靠购买，有的媒体渠道则靠“拉拢”！

总之，打好组合拳已经成为做好新媒体营销的最佳路径。企业在做新市场、新传播的时候要与时俱进，选择适合现在市场环境的传播策略。

4.3 渠道：移动、移动、还是移动

移动互联网改变一切，你相信吗？如果你仔细回味近三五年来，移动浪潮对我们工作生活的改变，你一定会觉得此言非虚。移动互联网的爆发式增长，带来了众多产业升级与变革。阿里巴巴集团商业智能部副总裁车品觉曾表示，未来移动互联网所带来的交易占比不再是部分而是全部。这是值得我们所有人深思的问题。车总的预测要完全实现或许还有一段时间，但无论如何，移动已成大势，这是不争的事实！随着移动互联网对人们工作、生活影响的不断加深，新媒体营销的主线也正越来越多地向移动端倾斜。

向移动端倾斜主要包括以下三个层面的意思。

第一：传播渠道越来越多地使用移动媒体

目前，移动媒体阵营已经非常强大，除了微博、微信两个超级大平台之外，还有今日头条、一点资讯、ZAKER 等一大批特色鲜明的平台型媒体新秀。另外，几乎所有传统网媒体都已开始加大力度布局移动端。网易、新浪、搜狐、腾讯等门户网站推出的 APP，凭借旧有平台优势快速沉淀了一批忠实用户；澎湃新闻、知乎日报、参考消息、今日快报、财经头条、

华尔街见闻等客户端也做得风生水起。这些媒体类 APP 已经抢占了用户大部分注意力，所以新媒体营销的重心也必围绕它们展开。

第二：内容写法要更适合移动化阅读

内容是新媒体营销的重中之重，要想做好新媒体营销必须先做好内容运营。伴随着移动媒体的快速发展，大众注意力呈现出了碎片化、轻阅读、强交互三大特点，在这种情况下，短平快，并且娱乐性较强的内容往往容易获得不错的传播效果。因此，新媒体营销从业者在做内容策划时，一定要仔细考虑用户的阅读习惯，让内容的写法更适合移动化阅读。比如，一篇文章写得中规中矩，非常有深度，洋洋洒洒数千言，如果把它放在杂志上，一定会非常抢眼，但把它放在今日头条里，或许就无人问津了。

第三：营销的“落地点”最好在移动端

所谓“落地点”，就是营销价值产生的末端载体。比如你想推广一款杯子，营销的目的是让更多的人去你的线下店去购买，那么“线下店”就是“落地点”。移动时代，如果把线下店换成一个可在手机上交易的“链接”，是不是更直接？移动互联网的最大魅力就是：通过移动设备，用户可以随时、随地、随心地购买商品和服务。在这场前所未有的移动浪潮中，谁能赢得移动端的话语权，谁就能成为行业领导者。所以，移动互联网越发达，新媒体营销的“落地点”越要从移动端开始。当然，并不是所有产品和服务都能在移动端落地，例外情况需要单独考虑！

纵观过去十年全球技术发展，从来没有哪一种力量能像现在的移动互联网这样，如此深刻地改变着人们的工作和生活。当前，全球商业都正在面临移动动带来的大变革，新媒体营销市场也不例外。近一两年来，移动端已经成为各大互联网巨头的主战场。阿里支付宝与微信钱包的红包大战、滴滴与 Uber 一波又一波的补贴大战、百度糯米与美团的 O2O 优惠对决……无不着眼于移动端。不仅互联网公司，传统企业在做新媒体营销时也越来越多地将目光聚焦在移动端。

来看两个案例。

案例一：可口可乐歌词瓶

2013 年，可口可乐的“昵称瓶”营销为其带来了 20%的销售增长。紧接着，2014 年可口可乐又趁热打铁推出了“歌词瓶”营销。具体玩法是：在活动期间，可口可乐饮料瓶子上的商标将被歌词和二维码取代，消费者可以使用微信扫一扫该代码，观看一小段音乐动画，并在社交媒体上进行分享。与“昵称瓶”营销相比，“歌词瓶”营销直接把互动工具定在移动端上。并且，歌词比昵称所承载的信息更多，所以潜在受众规模更大、参与者也可能更多。不过，遗憾的是，由于消费者见过“昵称瓶”之后，对“歌词瓶”或多或少地产生了一些审美疲劳，营销效果不及预期，但仍旧给可口可乐带来 10%以上的销售增长。“歌词瓶”也再次成为业界公认的新媒体营销经典案例。

案例二：杜蕾斯微信营销

杜蕾斯作为全球知名的两性健康品牌，在新媒体营销创新方面一直跟得很紧。微信出现之后，杜蕾斯马上意识到了它的巨大营销价值。近两年，杜蕾斯的多个微信营销案例都被营销界奉为经典之作。广大网友最熟悉的还是那次代表性的免费福利。

2012 年 12 月 11 日，杜蕾斯微信推送了这样一条微信活动消息：

“杜杜已经在后台随机抽中了十位幸运儿，每人将获得新上市的魔法装一份。今晚十点之前，还会送出十份魔法装!如果你是杜杜的老朋友，请回复‘我要福利’，杜杜将会继续选出十位幸运儿，敬请期待明天的中奖名单!悄悄告诉你一声，假如世界末日没有到来，在临近圣诞和新年的时候，还会有更多的礼物等你来拿哦 。”

活动一出，短短两个小时，杜蕾斯就收到几万条“我要福利”，10 盒套装换来几万粉丝，值不值？尝到甜头之后，杜蕾斯陆续推出了一系列针对微信的新媒体营销活动。颇具煽动性的文章、创意十足的图片、有意思的视频……都是杜蕾斯微信营销中经常出现的元素。不过，无论“花样”怎么翻新，但有一点却是一直不变的，那就是：移动端。

从可口可乐和杜蕾斯这两个案例，我们可以看到，传统企业的新媒体营销的主阵地也开始向移动端迁移。相信在不久的将来，移动端必将主导整个新媒体营销市场。如果用三个词来形容新媒体营销未来的渠道趋势，那么它们一定是：移动、移动，还是移动。

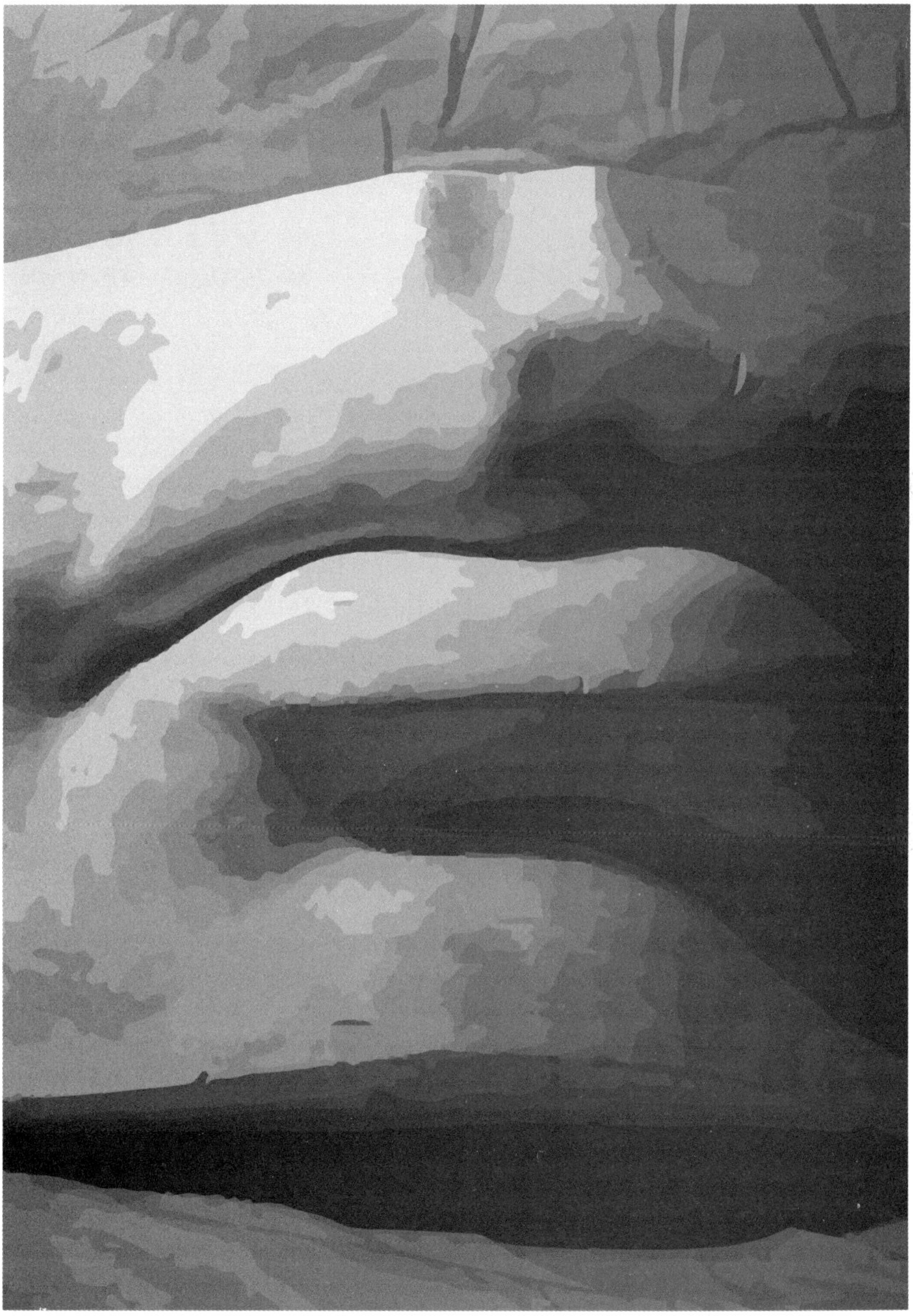

4.4 核心：口碑营销

马化腾说自己是腾讯的产品经理，张朝阳说自己是搜狐的产品经理，李彦宏说自己是百度的产品经理，雷军说自己是小米的产品经理，丁磊说自己是网易的产品经理……突然发现，越来越多的人自称产品经理，就连实习岗位中最热门的也是产品经理。为什么？因为，移动互联网时代，产品体验决定一切！

小米 CEO 雷军反复强调：大家都说小米营销做得好，其实是产品口碑做得好，小米的营销其实是口碑营销。雷军这句话虽有些官腔，却也言简意赅地道出了移动互联网时代新媒体营销的核心：口碑传播！

这很好理解，在信息透明度越来越高的当下，一家企业的产品无论好坏，传播速度都非常快。所以，良好的产品口碑自然是最具竞争力的武器。小米模式的本质是用户体验至上，这也是塑造良好口碑的关键。总之，移动互联网时代，新媒体营销的终极目标，不再是知名度，而是美誉度。

随着我国市场经济的不断繁荣，消费者更懂市场，也更懂营销。好的产品也需要好的营销，只有把口碑打出去，产品才能大卖。一个不争的事实是，口碑已成为移动互联网时代消费购买决定的关键影响因素之一。所以，口碑被营销界称为“零号媒介”，即当今世界最廉价的信息传播工具和高可信度的宣传媒介。今天小米的声势已大不如前，但这并非口碑营销的错，实在是后续产品创新跟不上。

小米模式的成功，让口碑营销在短短半年时间内红遍大江南北、各行各业。当前，无论是互联网公司，还是传统企业，无不将口碑营销视为市场活动中的第一要务。甚至一些个人经营者，也将口碑营销奉为成功秘籍。显然，口碑营销已经成为新媒体营销的核心环节了。那么，口碑营销到底有多大威力，我们还是看两个案例吧。

案例 1：小咖秀靠明星“刷脸”迅速崛起

小咖秀是一款自带“逗比”功能的视频拍摄应用，用户可以配合小咖秀提供的音频字幕，像唱 KTV 一样创作搞怪视频，同时小咖秀还支持视频同步分享到微博、微信朋友圈、QQ 和更多好友分享你的视频。

2015 年 5 月中旬，小咖秀一上线便吸引众多视频创意爱好者参与。不过，如果仅是如此，小咖秀不会迅速爆红网络。在接下来的两个月里，赵薇、林心如、谢娜、何炅、韩红、贾乃亮、李小璐、蒋欣、徐峥、刘涛、胡歌、霍建华……等一大批影视明星陆续加入小咖秀，明星“刷脸”热潮一波接着一波。广大网友大呼过瘾的同时，也纷纷下载试用。在明星效应的带动下，小咖秀好评如潮，装机量节节攀升，两个月不到即登顶苹果应用商店免费应用榜！

小咖秀这种应用虽然创意十足，但要想快速爆红并非易事。显然，大量明星集中“刷脸”带来的口碑效应，在其迅速崛起中起到了关键性作用。

案例 2：淘宝“第一”美女——“水煮鱼皇后”

“水煮鱼皇后”原名叫李叶，是浙江树人大学的一名女生。叫“水煮鱼皇后”是因为李叶几乎每星期都要去川菜馆吃一次，都到了痴迷的地步了，她希望能去四川吃一次真正的水煮鱼。“皇后”二字则体现了女生的梦想。

高三时，李叶用平时的零花钱积蓄，开始拿货，在淘宝上做起了掌柜，主营服饰。2007 年年底参加淘宝举办的活动，自创短剧《水煮鱼的淘气生活——带你走进一个淘宝女生的真实生活！》以其清纯的外形，风趣幽默的故事，一夜之间迅速在各大网络上蹿红。水煮鱼的店铺已是皇冠店铺，有着火爆的销售额并保持 100%的好评率。

此后，“水煮鱼皇后”的网络人气越来越高，被网友们封为“淘宝第一美女”。阿里巴巴、酷六、全球购物资讯网等多家媒体纷纷邀请水煮鱼皇后做专访报道；土豆网、新浪播客竟然邀请水煮鱼皇后参加 2008 年的新春节目。网友们在热烈的讨论她的事迹、论坛中有很多美丽身影的照片、视频，更有一群铁杆粉丝还为她布置维护了个人贴吧，堪称淘宝的品牌形象符号。

更可贵的是，“水煮鱼皇后”不搞怪，不出丑，不脱衣，不哗众取宠，始终保持正面形象。因此，她的口碑越来越好。最后的结果是，美誉度、品牌度、知名度兼收，网店一直红红火火。

从“小咖秀”和“水煮鱼皇后”这两个案例中不难得出结论：口碑营销已经成为新媒体营销中的核心环节，无论是企业，还是个人经营者，都应将口碑营销立为经营中的“头等大事”！

BIG
DATA

4.5　工具：大数据

大数据是近两年科技与互联网领域最热门的词汇之一，随着相关技术的不断成熟，它在新媒体营销中的应用也正越来越广泛。

所谓大数据，是指那些无法在可承受的时间范围内用常规软件工具进行捕捉、管理和处理的数据集合。大数据有五个业界公认的特性：Volume（大量）、Velocity（高速）、Variety（多样）、Value（价值）、Veracity（真实性）。大数据技术的战略意义不在于掌握庞大的数据信息，而在于对这些含有意义的数据进行专业化处理。也就是说，大数据本身不值钱，从中挖掘出来的价值才值钱。

随着云计算技术的快速发展与落地，大数据得到了越来越多的关注。目前，金融、消费、营销、互联网、航空航天、气象、地质等众多领域都已开始了大数据的应用研究。总的来看，大数据的应用价值主要体现在以下几个方面。

1. 精准营销

通过大量用户行业的数据挖掘，刻画出消费人群画像，再根据特定的消费场景分析，为消费者提供更精准的产品广告和报务推荐。

2. 商业智能

通过收集、管理和分析海量市场数据，使企业的各级决策者获得知识或洞察力，促使他们做出对企业更加高效的商业决策。

3. 公共服务

通过对大众人群的工作、生活信息监控、收集与分析，为政府部门提供公共服务决策支持，如大规模传染病预警、地震监测、流动人口统计等。

当前，大数据在新媒体营销中的应用越来越多，最典型的案例莫过于各大电商平台的智能推荐引擎。你一定有过类似的经历：在当当网购买了一本互联网方面的书，购物车里立即会推荐一些相关性很高的书籍，还会附上买过这本书的人还可能买的书。这些个性化推荐引擎正是基于大数据分析。此外，各大网站联盟，也开始越来越多地使用大数据技术，目的只有一个，那就是通过海量数据分析，为广告主匹配主题更适合、用户群更匹配的媒体，进而提高广告的转化率。

随着大数据分析技术的不断成熟，新媒体营销过程中可用的工具也越来越多。以 DSP（需求方平台）为例，目前大大小小平台已经不下百家。知名的就有品有互动、聚胜万合、Inmobi、新数网络、晶赞科技、悠易、璧合科技、亿玛科技、艾维邑动等十余家。利用丰富的大数据工具，新媒体营销人员可以定制更加高效的营销策略，我们来看两个案例吧。

案例：啤酒尿布效应

全球最大的连锁超市沃尔玛超市，经过大量数据统计，发现一个奇怪的现象：啤酒销量与尿布销量的相关度非常高。最开始，营销人员怎么也想不明白其中道理。两个很不相关，甚至消费群体完全相反的东西怎么会有这种关联。后来，通过现实场景还原，才发现其中奥妙。原来，一般情况下，在超市里购物的女性居多，但是，在一种情况下，他们是不去超市的，就是小孩刚刚出生的时候，她们或者身体虚弱或者要照顾小孩，而此时也正是大量使用尿布的时候。女人在家，丈夫去买东西。丈夫去超市买尿布的时候，他往往顺便买啤酒，于是啤酒和尿布就关联起来了。于是沃尔马就把啤酒和尿布放在了比较近的地方，结果两样产品的销量都有所提升。

这个案例告诉我们，有些表面上看起来毫不相关的事情，但实际上却有着巨大的内在联系。研究、分析、利用这些内在关联，可以帮助企业做出更好的营销决策。现实生活中，这样的关联不计其数，通过人工统计不可能找到其中所有关联，但大数据却有这样的能力。现在计算机的计算能力得到了极大提升，软件算法也在不断优化中。新媒体营销人员如果善于运用大数据工具，一定会找到更多、更大的营销机会。

值得一提的是，利用大数据工具，不仅可以帮助营销人员提高产品销量，还可以在产品问世前，帮助研发人员做出更适合用户需求的产品。我们还是来看一个案例吧。

案例：《纸牌屋》的创造过程

在传统的影视制作过程中，导演的思想至关重要，因为一部电影的核心就是导演想要表达的东西。但是《纸牌屋》找到了另外一种完全不同的制作手法，而且大卖特卖。得益于此，《纸牌屋》的出品方兼播放平台 Netflix 在一季度新增超 300 万流媒体用户，第一季财报公布后股价狂飙 26%，达到每股 217 美元，较 2015 年 8 月的低谷价格累计涨幅超三倍。

一部《纸牌屋》，让全世界的文化产业界都意识到了大数据的力量。《纸牌屋》的创作过程，其实就是一个大数据分析的过程。主创团队从 3000 万付费用户的数据中总结收视习惯，并根据对用户喜好的精准分析进行创作。

《纸牌屋》的数据库包含了 3000 万用户的收视选择、400 万条评论、300 万次主题搜索。最终，拍什么、谁来拍、谁来演、怎么播，都由数千万观众的客观喜好统计决定。从受众洞察、受众定位、受众接触到受众转化，每一步都由精准细致高效经济的数据引导，从而实现大众创造的 C2B，即由用户需求决定生产。

以上两个案例让我们看到，大数据可以渗透到营销的各个环节：售前、售中和售后。营销人员在定制新媒体营销策略的时候，利用好大数据工具，一定可以事半功倍。未来，随着技术的持续成熟，大数据在新媒体营销中的应用将逐渐成为主旋律！但大数据并不是唯一可用的工具，在新技术、新应用快速发展的今天，每天都可能有新的工具和模式诞生。在新生态快速崛起的同时，要提前做好布局，以一种开放的心态迎接未来的主旋律。我们现在最需要做的就是，主动拥抱未来。

总之，在按效果付费的大趋势下，新媒体营销人要学会打组合拳，把主要精力放在移动端，时时强调口碑，并把大数据工具引入到日常的营销决策中来。同时，做好随时迎接新机遇、新挑战的准备！

第二部分

新丛林法则

遥想过去30年，真是广告的黄金时代，只要产品不是太次，“一大票”广告费砸下去销量自然不会太差。很多时候，营销拼的不是策略，而是胆略！然而，盛极必衰，在过去三五年的时间里，传统广告赖以生存的土壤发生了翻天覆地的变化。广告逐渐走向整个新媒体营销体系的边缘。随着广告的没落和公关的崛起，一套更具全联接时代特色的新丛林法则正在快速形成……

新丛林法则

第5章　广告的没落

别不相信，广告正在失效！

美国政治家、科学家富兰克林曾说过这样一句话：Some people die at 25 and arent buried until 75。即：有些人25岁时就已经死了，只是到了75岁才埋葬。这句话非常经典，用它来形容当前的广告也非常恰当：广告已经死了，只是要在很长一段时间后才会消失。

广告已死，不是说它的价值完全消失，而是指它的传播功能正在慢慢失效。随着移动时代的快速到来，媒体环境变得更加复杂，用户获取信息的途径也更加丰富，传统广告在用户的习惯性忽略下，效果变得越来越差。在口碑营销成为新媒体营销的主旋律之后，单纯靠广告就可以打响新品牌的可能性越来越小。越来越多的新媒体营销人意识到：营销等于砸钱买广告的时代已成历史。

遥想过去30年，真是广告的黄金时代，只要产品不是太次，一大票广告费砸下去销量自然不会太差。很多时候，营销拼的不是策略，而是胆略！然而，盛极必衰，在过去三五年的时间里，传统广告赖以生存的土壤发生了翻天覆地的变化。广告逐渐走向整个新媒体营销体系的边缘。引起这个变化的原因有很多，而最重要的莫过于以下几个方面：

- 用户的习惯性忽略
- 广告的可信度下降
- 广告的成本上升，但效果下降
- 广告公司创意跟不上企业发展节奏

- 广告的替代品越来越多

5.1 习惯性忽略

英国知名心理学大师布鲁德本特（D．E．Broadbent）经过大量研究与实验，于1958年提出一套关于大众注意力的理论——过滤器模型理论。该理论认为，人们的注意力就像一个过滤器，在信息加工过程中对外界输入的信息进行筛选，只有受到注意的信息才能通过过滤器，而未受到注意的信息则被排除在信息加工系统之外。也就是说，人们总是习惯性地忽略一些东西，而去注意那些自己意识或潜意识在意的东西。之所以会这样，是由于同一时间内，人体大脑对信息加工的资源有限，不得不选择性过滤一些信息。

在现实生活中，印证鲁德本特理论的事件几乎每天都在发生。比如，你老婆怀孕了，你会看到满大街都是孕妇。再如，你刚刚在淘宝上买了一件范冰冰同款，你会发现到处都能见到有人穿这款衣服。还有，你迷上了一首王菲的新歌，你会发现街头巷尾都在放这首歌……事实上，这些事情发生的密度，与之前并无二样，甚至可能更低。但在这段时间，你的意识特别关注这些信息，所以，它们被潜意识放大了。无论真实情况如何，你都会认为最近这些信息特别多！

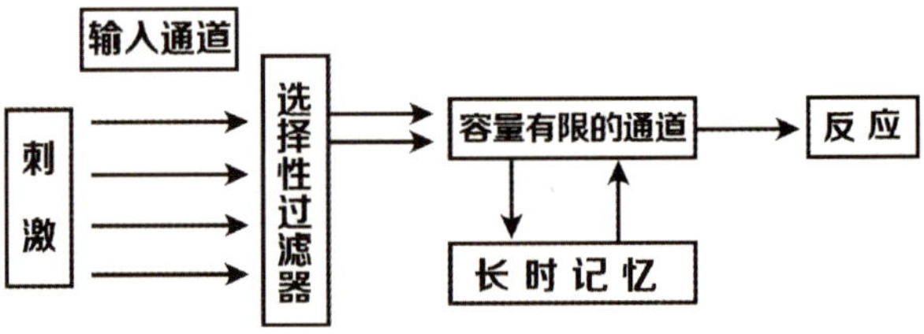

注意的过滤器信息加工模型

同样，有选择性强化，就会有习惯性忽略。比如，我们每天都会与人民币打交道，但是有几个人能清晰地记得20元人民币背面的细节？甚至印的是什么都想不起来！再如，我们身边的同事，上午一起工作了半天，聊得火热，中午吃饭时突然有人问你某某人今天穿了什么衣服，你却怎么也想不起来。还有，我们在追一部爆火的网络剧，屏幕右上角，还有视频字幕下方，不时弹出一些小广告。最后，我们整部剧几乎都能背下来，但这小弹窗的内容，我们一个也没记住。这样的案例不胜枚举，总之大众对无关信息的习惯性忽略是一种普遍现象。

过去十年，随着互联网的快速崛起，信息大爆炸，广告变得无处不在。从我们一睁眼到晚上倒床睡下，几乎每时每刻都在各种广告包围之中。显然，我们已经活在了一个传播过度的时代。众所周知，在一个既定媒体中，广告越多，单个广告的效果就越差。所以，广告的泛滥，没有换来广告价值的提升，反而让广告价值快速下滑。最核心的原因就是，大部分消费者开始对广告视而不见，习惯性忽略成为常态。

另外，随着移动互联网大潮的强势来袭，碎片化信息获取成为大众阅读的主流趋势。这使得当传统广告的“黄金场景”优势不再，取而代之的是更加分散的媒介载体和内容。一天当中，赢得用户主要注意力的内容可能是一篇文章，也可能是一个视频，还有可能一张图片，或是一个段子。总之，没有哪家媒体可以产生绝对主导优势。在这种情况下，靠一个大手笔的电视广告就能功成名就的希望寥寥无几。也就是说，在多元化媒介的强势分流下，大众消费者的习惯性忽略更加明显，这直接导致了传统广告效果的日渐式微。

广告效果的持续下滑，直接导致硬广告市场的衰落。数据显示，2015年1—4月传统媒体广告刊登额下降了5.8%，降幅比上季度的4.7%有明显扩大。电视广告下降3.7%，广播广告下降4.7%，杂志广告下降14.5%，报纸状况最为严峻，广告降幅达到30.3%。有专家和学术机构将这一现象描述为“断崖式”下滑。传统媒体不好过，网络媒体也不轻松，以四大门户为代表的网络媒体，也开始强烈地感受到了硬广营收下滑的压力。

这些事实和数据为新媒体营销人员敲响了警钟，广告不再是营销的杀手锏。在执行具体的项目时，要做好广告效果的事前评估，以避免不必要的资源浪费，包括资金上的和时间上的！不过，这未必是坏事，上帝关上一扇门，必然打开一扇窗，传统广告衰落后，肯定有另外一些新的模式出现。这些内容我们将在本书第三、四部分详细阐述。

5.2 信任危机

最近几年，大家或多或少都会有些这样的感受：随着经济的高速发展，人们的生活水平越来越高，但是人与人之间的人情味却越来越淡，人们因为各种各样的原因逐渐丢失了对他人信任。当然，也包括对不熟悉的商业公司的信任。这是个非常伤感的话题，但事实如此，我们只能接受。

改革开放30年，中国经济以奇迹般的速度快速崛起，尤其是近十年来，我国综合国力与人民生活水平有了显著提高，一跃成为全球第二大经济体。不过，经济的高速增长也带来了一系列问题。其中，大众消费者与市场利益主体之间的信任危机就是典型问题之一。毒奶粉、地沟油、假羊肉、染色馒头、人造蛋、牛肉膏……一系列重大食品安全问题的曝光，让大众消费者心中产生一个强烈的声音：广告不可轻信！

造成广告信任危机的最主要原因是虚假宣传、夸大宣传、误导宣传等不良信息的泛滥。为了扭转尴尬的市场局面，降低诚信企业的信用成本，2015年4月24日第十二届全国人大常委会第十四次会议24日表决通过了新修订的广告法，进一步明确了虚假广告的定义和典型形态，新增了广告代言人的法律义务和责任的规定，还强化了对大众传播媒介广告发布行为的监管力度。新广告法已于2015年9月1日起施行。

新广告法施行以后，“最大”、“最好”、“最佳”、“第一”、“唯一”、“国家级”、“世纪级”、“首选”等一系列误导性极强的敏感词汇被禁止使用，或有条件使用。短短三个月不到时间，国内广告环境大为改善，消费者与商家之间的信任危机明显缓解。然而，法律毕竟是最后的底线，新广告法的落地，并不能完全解决广告的可信问题。主要原因如下。

（1） 广告是王婆卖瓜自卖自夸

所谓广告，就是广而告之，即：商家为了某种特定目标，通过一定形式的媒体，公开而广泛地向公众传递信息的自我宣传手段。所以，本质上看，现代企业的广告和古时王婆的“吆喝”是一样的道理。卖方自己主动发出的声音，一定找利好自己的方面说，放大优点，弱化缺点。大众消费者对此心知肚明，因此，广告做得再漂亮，消费者也会心存戒心。

广告一出生就带着原罪，无论你如何掩饰，它始终无法摆脱利益的偏见。最厉害的新媒体营销人员，也只能解决广告的创意和发布渠道问题，不能解决可信度问题。消费者可以被广告炫酷的画面吸引，但不可能完全相信其中的内容。相反，一个广告越是完美无瑕无可挑剔，消费者越会去尝试寻找其中的问题，甚至会直接告诉自己：这里面一定有花样！

广告始终是一个单向传播，代表商家利益的信息表现形式。它代表卖方的声音，对于消费者来说，广告一定不会客观，一定掩饰了什么。比如，天猫双 12 特价广告打出后，大部分消费者不会认为商家是真“出血”了，而是觉得他们平常的卖价太高了！你可以把消费者这种想法理解为偏见，但重要的是，这样的偏见普遍存在。

总之，广告无法解决可信度问题。所以，它的最大价值是建立商家或产品的知名度，而不是美誉度。作为一名新媒体营销从业人员，要深刻理解这一点。避免过度依赖广告，在面向口碑传播的具体实践中，选错工具和方法，劳而无功！

（2） 广告无法嫁接媒体公信力

有一种广告，最大的目的不是为了传播，而是为了增信。即借助媒体的公信力，让大众消费者信任其品牌。当一个新品牌推向市场时，这种做法非常常见。比如，最近两年，互联网金融火爆，P2P 平台如雨后春笋般涌现。但由于行业处于发展初期，问题频出，平台跑路时有发生，因此大众消费者对新平台戒心重重，这直接导致新平台获客成本节节攀升。为了扭转局面，一些 P2P 平台不惜重金购购买中央电视台、人民日报、新华网等“官媒”的广告。其用意非常明显，就是希望借媒体的公信力为自己增信。购买了央视广告，仿佛就在说：“我们都上央视了，一定可信！”

在前些年，这种做法非常有效，只要能上央视，高大上的品牌形象就会瞬间树立起来。然而，随着互联网时代的快速到来，大众消费者获取信息的渠道更广，对媒体广告的认识也更加透彻。再加上夸大宣传泛滥，人们对媒体广告的态度愈发趋于谨慎。当前，即便是央视的广告，大众也不会完全相信了。这并不是危言耸听，眼下就有一个活生生的案例。

案例：央视 2016 新标王翼龙贷的烦恼

2015 年 11 月，被誉为中国“农村借贷第一”的 P2P 网贷公司翼龙贷，历经 7 轮激烈竞争，耗资 3.69 亿元，终于拿下央视 2016 年黄金时段广告标王。据翼龙贷董事长王思聪透露，此次广告合约为期一年，全面覆盖了央视一套、二套、十三套的黄金位置。其中一条主要的广告，在《新闻联播》后至《天气预报》前播出，每天一则，时长 10 秒。

显然，拿下央视 2016 新标王，不是为了炫富，而是想借央视平台提升公司品牌，吸引更多投资者。然而，就在翼龙贷在各大媒体刷屏的同时，另一家上榜央视黄金时段广告的 P2P 平台 e 租宝，被曝出涉嫌非法集资，被警方立案调查，总涉案金额将近 700 亿。消息一出，业界哗然。同是 P2P，同是央视上榜的“明星”品牌，大众自然会将两者放在一起对比。这样一来，央视广告非但不能为翼龙贷增信，反而让大众多了一分疑虑。甚至有网友直呼：“e 租宝完了，翼龙贷是不是也快了？”哎！花钱买不是，看来翼龙贷有烦恼了（最新消息是翼龙贷已与央视终止广告合同）。

由此来看，借助媒体公信力为自己增信这条路正变得越来越难走。这不是方法本身的问题，而是时代变了。新的时代，大众对广告和媒体有了新的认识。广告就是广告，玩再多的花样，也仍是王婆卖瓜，自卖自夸。不过，借助媒体增信并非无路可走。试想，同样在央视上的一条信息，硬邦邦的广告和简单明快的新闻报道，哪个会让人相信？所以，争取报道，比上广告更重要。而如何上报道却是一门很大的学问，在本书后续章节中将会有详细介绍这部分内容。敬请关注。

（3） 广告不能建立认同感

通过上文论述，我们可以得知，广告的价值只是传播信息，而不能传递信任。当一个品牌已经建立了良好的品牌，那么广告可以更好地维系品牌。但当一个新品牌推向市场，广告只能告诉大家，市场中又多了一个新产品，但不能告诉大家它是否可靠。所以，广告不能建立认同感。

所谓认同感，就是大众消费者对企业价值、文化乃至产品的肯定。在现代商业环境中，企业品牌打造的关键也是建立大众认同感。一个产品，无论它使用了多么先进的技术，如果不能够得大众认同，仍然无法建立品牌。相反，一个产品，并没有采用什么高深莫测的技术，却做出了大众认同感，它仍然是一个好产品，也更容易在大众心中建立良好的品牌形象。比如曾经的小米手机，仅从通信技术和制造工艺上看，它并没有什么重大突破，但在“小米模式”驱动下，短短三年就成为了中国最受欢迎的国产手机之一。

所以，在口碑营销时代，新媒体营销的关键是让企业的核心价值观被消费者认同，而广告显然无法承载这一功能。道理很简单：

随着媒体环境的变化，人们获取信息的碎片化趋势日益明显。无论是传统媒体，还是新媒体，单一渠道对人们的影响越来越低。并且，大众的习惯性忽略，已经造成广告效果的集体滑坡。因此，新品牌的建立需要一系列的内容组合，而非单纯依赖广告。就算企业肯花钱，把所有渠道都铺上广告，大众认同感仍很难因此建立。众多实践已经证明，品牌越新，品牌建立的速度越慢，通过广告建立认同感的难度越大。2015 年，市场上不乏这样的案例。

案例：大众对借贷宝熟人借贷模式的隐忧

2015 年 6 月，一款主打熟人借贷的互联网金融理财工具“借贷宝”横空出世。它一出场，就拿出了“气吞山河”的气势，号称首轮融资 20 亿元、估值逾 220 亿元、狂砸数十亿元推广费。一时间，电视、网络、地铁、公交、楼宇……到处都是借贷宝的广告，铺天盖地而来，不看都不行。然而，如此高调的姿态，并没有换来一致好评。相反，质疑声越来越多。多家媒体刊文称，借贷宝这种不断发展“下线”的模式有涉嫌传销的嫌疑。其中，新华社 2015 年 8 月发表的《借贷宝“四宗罪”惹争议 P2P 行业长远发展仍有待规范》最为犀利，文章指出：

上线数月的 P2P（网络贷款）平台借贷宝推出“拉好友返现金”活动，引发舆论质疑。有网友认为其涉嫌传销、诈骗等“四宗罪”。业内人士指出，借贷宝存在宣传不当嫌疑，以拉人返现模式为促销手段，未必有利 P2P 平台的长远发展。

新华社发布 +收听
新华社法人微博发布厅。

听众 14561300 | 收听 205 | 广播 19498

【借贷宝"四宗罪"惹争议 P2P行业长远发展仍有待规范】上线数月的P2P（网络贷款）平台借贷宝推出"拉好友返现金"活动，引发舆论质疑。有网友认为其涉嫌传销、诈骗等"四宗罪"。业内人士指出，借贷宝存在宣传不当嫌疑，以拉人返现模式为促销手段，未必有利P2P平台的长远发展。http://url.cn/Z8SKEg

新华网 新闻 新华网 > 财经 > 正文

借贷宝"四宗罪"惹争议 P2P行业长远发展仍有待规范

2015年08月10日 22:41:37 来源：新华网

新华网北京8月１０日新媒体专电（"中国网事"记者王晓洁　阳娜）上线数月的Ｐ２Ｐ（网络贷款）平台借贷宝于8月8日推出"拉好友返现金"的促销活动，引发网络舆论质疑。有网友认为其涉嫌传销、诈骗等"四宗罪"。对此，借贷宝8月8日下午发出回应予以还击，称谣言系某自媒体账号捏造，已向公安机关报案。借贷宝究竟有没有违规？业内人士指出，无论借贷宝"四宗罪"是否成立，其都存在宣传不当的嫌疑，以"拉人返现"模式为促销手段，未必有利于Ｐ２Ｐ平台的长远发展。

"零风险"是否属于过度宣传？

根据借贷宝官网的介绍，借贷宝是由国内私募机构九鼎控股打造的互联网社交金融平台，其特点是熟人间单向匿名借贷，即借款人实名、出借人匿名，通过互联网人与人之间的连接机制，实现直接金融交易。

时至今日，借贷宝的广告费用还在一轮接着一轮地大烧特烧，但大众对其品牌的认同仍旧没有建立起来。在相当一部分人心中，借贷宝品牌形象始终笼罩在传销、诈骗、不合规、虚假宣传等负面口碑之下。这已经成为阻碍借贷宝向前健康发展的最大隐忧之一了。或许，时间还短，我们且行且看。

总之，受制于广告"原罪"，广告不能帮助商家建立大众认同感。广告的真正作用不是塑造品牌，而是维系品牌。这样的定位，注定广告将成为新媒体营销中的边缘角色。

5.3 广告的成本

用最小成本赢得最大收益，一直是新媒体营销从业者追求的目标。然而，从一开始，广告就不是草根们的游戏。广告的成本主要包括创意成本、制作成本和投放成本。其中，投放成本占绝大部分。由于资源有限，广告媒介的竞购门槛很高，动辄数十万，上百万，甚至过亿，这让很多中小企业望而却步。比如，央视黄金时段广告一直是大企业的禁脔。

随着网络、户外、楼宇、移动等越来越多新媒体的快速兴起，商家可用的媒介越来越丰富。然而，这并没有降低广告的竞购门槛。相反，由于媒介繁多，优质资源变得更加抢手，近几年来价格一直是有增无减。而那些普通媒体资源，由于影响力有限，广告效果大打折扣，通算下来，投入产出比不佳，甚至还不如高价购买优质资源划算。因此，广告成本高，一直是困扰新媒体营销从业者的最主要难题之一。

不过，计算广告成本，不能只看投入，还要看产出，即投入产出比。也就是项目全部投资与运行寿命期内产出的工业增加值总和之比，其值越小，表明效果越好。遥想上个世纪90年代，正是广告的黄金时代，只要肯花钱，一通广告砸下去，产品销量一定大增，算总账，投入产出比还是比较低的。然而，进入互联网时代以后，尤其近三年以来，广告的投入产出比持续走高，越来越多的企业体会到了广告失效带来的巨大经营压力。那么，导致广告投入产出比走高的原因是什么？在笔者看来，主要原因如下。

1. 海量媒体带来的冲击

广告投放有一个原则，那就是要么不打，要打就要打透。然而，现在的媒体多如牛毛，大众注意力极其分散，某家媒体一家独大的局面一去不返。因此，要想做到铺天盖地的局面，投入比之前要大好多倍。

2. 广告价值被过度开发

广告的最大价值就是帮助企业在大众消费者心中树立优化过的品牌形

象。然而，由于广告泛滥，越来越多的人开始讨厌广告。在这种情况下，习惯性忽略和不信任在大众消费者中逐渐成为普遍现象，这使得传统广告的威力骤减。

3. 新媒体营销环境变迁

随着移动浪潮的强势来袭，新媒体营销的外部环境和传播手段发生巨大变化，在效果营销、事件营销、终端促销、会展等越来越多新传播模式冲击下，旧有的轰炸式广告效果日渐式微。

4. 大众媒体影响力下降

互联网时代，信息大爆炸，大众信息获取经历了从“聚合”到“分化”的重要变迁。随之而来的是大众媒体影响力的快速下降。与此同时，垂直媒体越来越多，小圈子的传播价值越来越大，大众传播理论开始失效。在这种情况下，传统广告慢慢失去了用武之地。

5. 影响用户购买决策的因素日益复杂

随着我国市场经济的不断发展深入，可供选择的产品越来越多，种类越来越丰富。大众消费者的品味、喜好逐渐呈现出多元化发展态势。当前，影响用户购买决策的因素日益复杂，广告的作用被大大稀释。

投入产出比的持续走高，意味着成本的不断攀升。成本在上升，效果却在下降，难怪企业在广告方面的投入逐年下滑。在市场竞争如此激烈的当下，企业的每一分钱都要花在刀刃上，任何无效的投入都会被削减，广告预算自然也不例外。对于新媒体营销人员来说，打广告是有目的、有计划的传播活动，正确评估广告的价值，有利于整个营销策略的优化。

广告的衰落是时代发展的必然结果，没有人会愚忠于广告，新媒体营销也一定会追求更大的投资回报。总之，随着投入产出比的不断走高，广告已经不再是主流了，我们要理性看待它的效果，合理发挥它的价值。

idea

5.4 谁更有创意

广告创意是指通过独特的技术手法或巧妙的广告创作脚本，更突出体现产品特性和品牌内涵，并以此促进产品销售。在新媒体营销中，广告创意的核心是用最简单、最直接、大众一眼就能看透其中“玄机”的方法，把“能够驱动消费者购买的核心价值”，用非同寻常而又在情理之中的妙趣方式表现出来。要做到这一点，创意者必须对公司理念、产品，以及目标受众有着非常深刻的理解，否则一定会不得要领、破绽百出。所以，在分工日益精细的当下，我们却看到了一个反常现象：越来越多的企业自己做广告创意，而不是外包！

最近，我拜访了一些客户，在谈到广告创意时，他们无一例外，都表示更愿意自己做。原因无外乎两点。第一，广告公司跟不上企业发展的节奏，对市场一知半解，做的创意要么天马行空不知所云，要么与自己的气质不符，总之一句话：不接地气；第二，屁股决定脑袋，广告公司为了彰显自己的价值，往往过于强调创意，不能把“如何帮助企业卖产品”当成首要任务。所以，做出来的广告虽然花样百出，但实用价值高的却少得可怜。总之，务虚远大于务实。所以，越来越多的广告公司从新媒体营销的主线中退出，成为不折不扣的执行者，而不是创意者。

不要问广告公司该怎么做，直接告诉他做什么！因为，新媒体营销是一场营销战，而不是广告战。这场战争的主帅应是企业自己，而不是广告公司！把营销等同于广告是极大的误解！随着外部传播环境的变化，新媒体营销的主线已经不再是砸钱买广告，而是一整套行之有效的传播策略组合。这给营销创意者带来了两大新挑战：

一、要对既有产品和市场非常了解；

二、要对未来市场变化有足够的敏感性。

如果不能长期专注目标市场，很难做到以上两点。在这种情况下，广告公司旧有的创意模式已经跟不上现代企业的发展节奏。所以，尽管广告公司长期从事广告业务，但从新媒营销角度考量，其广告创意能力不一定好于企业市场部。这是一个全新的思维方式，也是时代发展的必然。随着企业自我传播意识的不断增强，越来越多的企业开始有意识地加强广告、营销、媒体方面的人才储备。目前，很多企业市场部的广告创意能力已经不逊于专业的广告公司。只不过，他们只为自己的企业服务！

事实上，在激烈的市场竞争倒逼下，企业市场部的分工正变得越来越精细。在华为、阿里、微软这样大的公司，媒介、运营、品碑、公关都有专人负责。有些公司甚至做得更加精细，以阿里为例，市场部按职能分工之后，他们还会继续细化到对口领域，政府、媒体、投资机构……每条关键链条都有专人去盯。毫不夸张地讲，企业市场部已经成为商业战场中的先锋队和炮兵团。市场部如何运作、分工是另外一个值得研究的话题。

延伸阅读：市场部如何搭建业绩云梯

这些年，我一直做垂直媒体，服务过很多公司，同时也积累了不少做市场、打品牌的经验，虽不敢说自己全都明白，但至少在方向上不会走太偏。经常有朋友问我，公司市场部到底该做些什么才能真正帮助销售？

其实，这个问题很难准确回答，因为市场部在不同企业的定位和作用不同，玩法自然也不同，尤其是在没什么品牌概念的中小企业中。不过，这些企业都有一个共同的关注：市场部该怎么做，才能真正帮助企业挣到钱。

用资源置换激活需求

2013 年 11 月 28 日，CBSi 中国在北京举行了一场千余人左右的客户答谢会，光在抽奖环节就送出了 16 万元，特等奖 10000 元 4 个，一等奖 5000 元 6 个，二等奖 3000 元 20 个，三等奖 1000 元 30 个。另外，凡是到场的客户均有 300 元答谢礼。这样算下来现场有近 50 万元回馈给客户。但是这 50 万元是从哪里来的呢？

其实，这 50 万元不是物品，也不是现金，是京东的购物代金券。尽管是代金券，对于拿到他的人来说也是真金白银。然而，这场答谢会上，CBSi 和京东都没有花一分钱，就成就了一个三方共赢的“游戏”。

那么，这个“游戏”到底怎么玩的呢？我来模拟一下。

去年快到年底的时候，CBSi 中国想办场客户答谢会，CBSi 的刘总编就在想：答谢会要办得既让客户“满意”（客户的满意度将直接影响下一年度的收成），又不“丢范儿”（怎么说也是国际化的媒体，面子上还是要过得去），还得“不花钱”（辛辛苦苦一年挣到的钱再往外拿，心里难受）。

于是刘总编找到了京东 CEO 刘老板，想要和他合作。为了说服刘强东，刘总编说了一个双赢的方案，年前就可能给京东带来 1000 万元的收入。

“我们年底将举行系列客户答谢会，会上来的都是精英，消费能力自然不用说。京东可以拿出一些资金在会中做些促销……这些促销，京东可以不花一分钱，还能挣上一大笔。我以北京答谢会为例给你分析一下。你只需去找个印刷厂，先印 50 万元的代金券，面值分别为 300 元、500 元、1000 元、3000 元、5000 元、10000 元，弄得精致、隆重点。然后我们在会中分几批把这些券发给大家，每一次分发，都是对京东品牌的有力传播。要知道会场在座的全是精英人士，这么精准的传播机会实属难得。凭我的经验，面值低于 10000 元的代金券两个月内 80%以上会消费完，现在临近年底，是送礼、增添家庭设备的旺季，这个概率可能会超过 90%。如果你还不放心，可以给代金券定个期限。然后，你去找各大商家，告诉他们京东年底有促销活动，并且已经送出了 50 万元的代金券，预计两个月内消费完毕。年底了，大家都在冲业绩，你再拿出点优质资源，叫商家出点广告费应该问题不大。回收的 50 万元冲到财务报表里，稍加运作，在资本市场就能得到 500 万元的价值收益。而且，代金券发出去后，受益者超额消费和带动周边朋友在京东消费的可能性很大。如果同样的会议，我们在北京、上海、广州等 10 个城市举办，京东可能获得的收益将是 50 万元×10=500 万元，在资本市场获得的价值收益就是 5000 万元。即使把运作成本都扣除，京东获利 1000 万元应该问题不大……”

于是，就有了前面的故事。

当然，这只是我虚构出来供大家参考的。不过，在这场活动中，CBSi、京东、获奖者都是获益者。CBSi 作为主办方，既答谢了客户，又赚足了面子；京东既得到了一个大好的品牌传播机会，又实实在在地提升了自己的销售额；获奖者更不必说，天上掉馅饼，哪有不吃之理。

这个故事说明一点：资源只有在交换和流动时才产生价值。那么，这和市场部如何帮助销售团队提升业绩有啥关系呢？我再用一个案例，讲一讲常用的方法。

某厂商老板N总和A数码公司的X总关系甚密，N总希望借A数码公司的既有渠道，通过产品捆绑，帮助他们售出5000台新产品。以每台200元的单价计，即有100万元的销售额。X总觉得此事有可行之处，就安排人跟进了。

但是，A数码的人觉得N总公司的产品不够完善，有些功能不支持，用户需求面窄，刚需不强，对自己在卖设备的市场销售影响不大。更要命的是，5000台设备提来，有100万元的费用。如果卖不出去，担不起这风险。

在我看来，产品和技术永远有解决不完的问题，销售部最急于想要的就是，如何把既有的产品卖出去。N总和X总所谈合作，核心是N总想从X总的渠道那里要100万元的销售额，而不是要A数码公司来教他怎么做产品。其实，这个案例和CBSi的案例有点相同，都是想从伙伴那里拿钱，只是各自的角色不同。那么，这就需要找到一个流动起来能对双方甚至多方都获益的“资源”，并将“资源”中最打动对方的部分留给他，那这个合作就达成了。

如果A数码公司愿意拿出100万元来铺N总公司的货，N总公司就利用自己的渠道送A数码公司与产品等值（价值100万元）的市场宣传。产品功能不行、刚需不足等都是表现，卖不出才是根本。如果100万元的市场宣传做下去了，给A数码带来的价值可能远不止售卖N总公司产品所产生的利润，对其他产品的销售也能起到巨大的促进作用，品牌曝光度也将进一步提高。而N总公司市场部仅需从100万元货款中拿出10~15万元的一些资源，便可运作出100万元的媒体价值来。这就是一种资源置换的思路，以小博大，多方共赢。

跳出思维定势创造额外需求

我在H公司任市场顾问时，听到该公司一个很有趣的项目：有家做智能机器人的公司Q，他们极难突破的一个问题就是无法摆脱控制中心与机器人之间的那根线缆。从传统角度考虑，这家公司怎么也不可能与H公司扯上关系。因为H公司是做打印服务的，Q公司是做机器人的。但换个角度，立即就有了不一样的视野。

H公司应用服务器的背后有一项非常关键的技术：无线远端虚拟USB技术。利用这项技术，可以很容易地用无线替换掉机器人与主控中心的那条线缆。而H公司的一款产品正是该技术的载体，也就是说H公司的该产品稍加改造之后就是Q公司急着要找的产品。如果促成合作，H公司的产品就相当于迈到了一个新的领域，创造了额外需求，很可能带来销售业绩的大突破。这其实是在告诉大家，我们公司市场部人员，需要经常有意识地培养自己换个角度看问题的能力，并将这种能力应用到日常营销工作中。

在这个故事中，我们省略了一个非常关键的成功条件，即如何让客户知道公司有这样的技术和产品，并让他们与我们的销售经理取得联系。很多销售同事可能会质疑：我们精力非常有限，常规客户尚且应接不暇，哪里还有时间去深度挖掘这些需求如此隐性的客户啊？就算有时间，相比常规客户，这部分客户的投入产出比也未必会高到哪儿去。

这的确是一个不可回避的问题，但这也正是市场部可以帮助销售部去分担的工作。销售人员擅长的是一对一的跟进，即打“点”；而市场部人员擅长的则是一对多的传播，即打“面”。销售人员的思维逻辑是找到客户并说服他签单，而市场人员的逻辑是说服客户找我们签单。销售人员的逻辑很好理解，市场人员的逻辑似乎有点“玄”。怎么做呢？我的总结只有三个字：讲故事。

大家可别小看了讲故事，讲故事的能力有时可以直接影响你营销的效果。自禽流感、速成鸡事件爆发之后，国内掀起了一场抵制“吃鸡”的运动。肯德基是首当其冲的受害者之一，连续两季销售额下降超过20%。为了改变人们对“肯德基”安全问题的担忧，肯德基启动了一系列市场公关活动，主要就是讲故事，通过故事告诉大家“肯德基”是安全的。这就是大家在各大主流电视台、公交电视、楼宇广告都可以看到的宣传片：一对养鸡的夫妇讲自己养的鸡多么优良、安全，请大家放心。肯德基的高管郑重承诺：肯德基用的鸡可以吃得放心。就这么简单的一个故事，反反复复地讲，最终效果怎么样呢？2013年11月，肯德基中国销售额好于预期，达到持平水平。

我们再回头来看H公司的案例，如果将该项目编成故事，并利用市场宣传手段加入巧妙传播，就很可能收到事半功倍的效果，让有需求的客户主动上门。不过，要想达到预期效果，故事怎么讲，由谁讲，在哪里发布，如何传播……每个环节都需要精细策划，并严格执行。

也许，有同事会质疑："你所讲的案例都是大众产品、大众市场，我们公司产品是相对小众的产品，市场也是很有针对性的市场，公司没有那么多故事。"如果你也这么认为，那就大错特错了。你所在的市场即使再小众，只要有人做，就会有特定的关注人群，就会有可挖掘的素材。并且，现在不同产业间、同产业不同环节间，交叉与互动越来越多，只要用心策划，就有故事讲。

重塑商业价值

一个叫吴良清的人在浙江的嘉兴开一家广告公司，年营业额达到6000～7000万元。在这么小的一个地方，广告公司能做到这个规模，可以说是奇迹。他之所以能做到，是因为他用到了很多突破传统模式的创意思维。他爱琢磨，因此他能发现这个行业里的机会，就一下子做得很大。

吴良清小时候抓水田里的黄鳝，总能比别人抓得更多。后来因为大家都去抓，普通黄鳝就很便宜，只有是特别大的黄鳝才贵，但大的黄鳝又特别少。于是他开始琢磨黄鳝的习性。

他发现，在池塘里头抓黄鳝的人少，而且池塘里黄鳝的洞深，用普通的方法根本抓不到。但他发现黄鳝是一种休眠动物，而不是冬眠动物。比如说如果黄鳝没有东西吃，或者没有水，它就会陷在一个地方不动了，并且能够长期在那个地方休眠四、五十年。于是他向村里的老人打探出哪些地方是曾经围湖造田的，哪些地方过去是池塘、小湖而现在变成旱田的，然后在那些地方挖一两米深的坑。一下雨，坑里就装满了水，并向四周渗透，因为有些黄鳝是在围湖造田的时候在干涸的地方休眠了，有水之后就苏醒了，敏感地朝有水的地方钻。吴良清只需每天去坑里查看，就会发现有很多巨大的黄鳝。

同样的产品，商业模式不同，价值也不同，企业的收益也不同。同样的事情，做的方式不同，结果也不同。而市场部能做的，就是提供更多的可能性，给各部门参考。

（1）产品应用创新。如将产品做成模块，嵌入到伙伴设备中。

（2）产品销售渠道创新。如有一家卖企业通信系统设备的公司，它可将设备免费给某协会使用，然后通过会员服务费赚回设备费用。

（3） 技术应用创新。如某公司的无线传输技术用于无线打印服务器中，可利用该技术构造更多类型的无线应用服务器。

（4） 产品传播创新。现在企业越来越多地关注应用，而不是技术细节；越来越多地关注问题如何解决，而不是用了什么系统。因此，产品传播要从“以技术为中心”，转向“以用户需求为中心”。

（5） 商业模式创新。如像经营“水电”一样经营网络流量，以“云”模式售卖 IT 基础设施。

在企业实际运营过程中，商业价值如何体现，商业模式如何构建，理念如何传播，都需要一系列的脑力激荡和市场活动。我们需要多种市场手段协同配合，打好组合拳，才能实现最终的商业目标。

打造自我营销能力

阿里云在中国 IDC 市场，其实是一个后来者。但却仅用了三年时间就做到中国云主机市场头把交椅的位置。在与阿里云负责人交流时，我发现，阿里云几乎没有传统意义上的销售，但有大量的市场营销人员。他们只做一件事，就是让产品更易懂，更吸引人，更易购买。然后，通过各种传播手段做推广。它非常强调平台的自我营销能力，并且市场证明，这种模式是可以成功的。

小米手机没有工厂，很少做传统广告，没有渠道，也不建零售店。3 年营收 300 亿元，雷军成功地创造了“粉丝营销”模式的一个高峰。

雷军这样描述小米的商业模式：小米盈利模式最重要的是轻资产。第一，它没有工厂，所以它可以用世界上最好的工厂。第二，它没有渠道和零售店，所以它可以采用互联网的电商直销模式。也正是由于没有渠道、店面和销售成本，它的效率更高。第三，因为没有工厂和零售店，它可以把注意力全部放在产品研发以及与用户的交流上。所以，小米 4000 名员工，有 2500 人都在做跟用户沟通的事情，1400 人在做研发。

这两个成功案例，一个针对企业级市场，一个针对个人市场，他们背后都有一个共同的商业逻辑：产品的自我营销。打造产品自我营销的方法有很多，但是公司需根据自身特点来做。不过，有一点可以共通，那就是市场部可以与各部门一起，寻找自身产品的自我营销着陆点，通过产品的自我营销帮助销售突破业务极限。

近年来，产品自我营销能力对企业发展越来越重要。随着全球市场环境的变化，传统市场推广的“灵丹妙药”正在逐渐失效，企业需要更加符合时代特点的传播理念和工具。然而，我们在规划产品的自我营销能力时，应该从哪些方面入手呢？

首先，学会做公关。随着消费者对广告的信任度逐渐减弱，可替代广告的新型营销模式层出不穷，广告开始不断被边缘化。相对于广告，公关的效果却越来越好，由原来的“打杂”角色摇身一变为市场“推手”。

公关与广告不同，它是通过“讲故事”的方式，吸引媒体眼球，然后让媒体替企业说出自己的核心价值。公关强调的是效果，搞的是口碑营销，通过一个又一个的“圈子”传播，而不是靠“媒体”广播。“圈子”传播的本质是熟人营销，更容易赢得信任，也不会造成信息泛滥。用广告提升品牌，生效周期长，且需持续投入。而公关效果既有长期属性，又有短期属性。只要你的创意足够好，又找到了最佳的传播途径，新品一夜爆红也不是没可能。

其次，我们要懂得放低姿态，理解、运用好互联网思维，赢得更多市场支持，让产品自己走出去。但是，请注意，互联网有一个核心特点，那就是不相信权威。

细心的人可能会注意到一个现象，如果某官媒、专家或评论员，一有观点放出，网上马上会有一大批反对者冒出，并且在数量上远远大于支持者。要知道，实际的支持者可能更多，但互联网表现出来的却是反面的多。这里面的核心逻辑就是，你越权威，人们就越有动力拍你。所以，在互联网舆论战中，放低姿态，才容易赢得更多的支持。

再次，企业在做媒体推广时，要更加关注“转换”，而不是流量。也就是说，更加关注有多少人购买你的产品，而不是有多少人看。

最后，将短期利益与长期利益结合。产品自我营销规划，要找到短期有效、长期可行、可持续、快速自我增长的模式。最好的营销，不在各种手段，而在产品本身。

广告公司的创意优势正在慢慢消失是不争的事实，但我们也需要清晰地认识到：新时代，广告不会消失，还会承载很多新的功能。任何推广手段和创意都不是万能的，即便是公认的“真理”，也有其成立所需的条件。

比如，牛顿力学在量子世界就不适用。这告诉我们，做新媒体营销，要充分考虑外部环境、传播时机、方法适用性，以及不同策略的主次权重等等诸多因素。广告不是万能的，活动也不是万能的。品牌的建立需要一系列组合策略的陆续施展。我们要与时俱进，跟上企业发展步伐，跟上时代发展步伐！

5.5 广告的替代品

近年来，媒体行业的沧桑改变了用户获取信息的习惯。从营销角度看，这种变化使影响用户购买决策的因素更加多元。当前，影响大众购买决策的外在条件，已经不限于电视、报纸、网络门户、电台、户外、楼宇等媒体场景，越来越多的信息工具可以帮其甄别产品优劣，如微信朋友圈、电商网站的评论、活动 APP，等等。这使得产品本身的口碑传播的价值越来越重要。

深刻理解用户习惯的变化对于新媒体营销人员来说至关重要，因为这是所有营销策略制定的基础。如果用户习惯变了，而我们的营销策略还是照旧，一定会吃大亏。宝洁“重广告，轻产品”的作业方式，给我们提供了一个绝佳的反面教材。

宝洁是全球最大的日用消费品公司之一，过去十几年中，营收能力一直处于行业领先水平。这主要得益于宝洁大手笔的广告营销策略。然而，近两年来，宝洁仍然保持每年百亿美元的广告支出，但市场增长却显现出了前所未有的疲态，业绩一路下滑，利润逐年降低。为什么？因为用户的习惯和传播环境都变了，而宝洁还是照搬过去的“老黄历”！

口碑影响力的快速提升冲淡了广告的实际效果，直接导致了硬广市场近年来的持续疲软。而随着广告效果的下滑，越来越多的企业开始寻找新的营销突破口。过去几年，“硬广”市场在快速衰退，但企业在营销方面的投入却一直在增加。显然，在新的营销体系中，广告已有了替代品。总的来看，广告是被更高效的新媒体营销取代了，但具体来看是被线上线下活动、事件营销、媒体推送、社会化营销等一系列新型传播手段取代了。

线下活动

这里所提的线下活动，主要是指围绕营销目标所展开的一系列活动。包括新品发布会、产品推介会、项目路演、主题沙龙、展销会、展览会、媒体沟通会等等。前些年，线下活动大部分都由媒体主办，厂商参与。但近两年，形势发生了明显变化，越来越多的厂商开始自己办会。比如，华为从2010年开始，自己主办的活动明显增加。每年千人以上的重点大会就不下十场，包括HCC华为云计算大会、华为合作伙伴大会、HNC华为网络大会等等。各条产品线的发布会、方案沟通会更是不计其数。之所以会有这样的局面，是因为活动带来的营销价值正在快速增加。在企业级市场、金融理财、健康医疗等特殊领域，线下活动的平均获客成本甚至比线上广告低得多。

线上活动

线上活动是指依托于网络，在网络上发起，并全部或绝大部分在网络上进行的活动。

相比线下活动，线上活动的花样更多。特色专题、互动直播、网络促销、在线投票、网络竞赛……每一种活动形式都大有文章可做。相比单纯的网络广告，在线活动的互动性更好，用户参与感更强，而且成本更低。80后、90后这群网络“土著”成为消费主体以后，线上活动的威力日渐显现。随着社会化网络和移动互联网浪潮的快速到来，线上活动已经成为新媒体营销体系中最核心的手段之一。运用得当，营销效果一点不输于广告。比如2014年春节期间，微信钱包发起的红包大战活动，让其在短短几天时间就收获上亿支付用户。

事件营销

事件营销是指企业通过策划、组织和利用具有新闻价值、社会影响以及名人效应的人物或事件，吸引媒体、社会团体和消费者的兴趣与关注，以求提高企业或产品的知名度、美誉度，树立良好品牌形象，并最终促成产品或服务的销售的手段和方式。相比硬邦邦的广告，事件营销的穿透力更强，也更容易引发大规模社会关注，是一种低成本、高效率、轻运营的新型营销方法。借助事件营销快速打响品牌和创造销售奇迹的故事屡见不鲜。

比如，2015年初“汪峰上头条”这件事众人皆知，大众关注度屡创新高。高潮是，2015年2月7日晚，汪峰豪掷百万求婚章子怡，终于上了一回头条。然而，大家万万想不到，这次求婚事件的最大受益者不是汪峰，而是其求婚所用的工具——大疆无人机。借势这次热门事件，大疆很快成为新潮科技的典型代表，并为全国人民所熟知。

再如，今年6月，神州专车发起了针对Uber的“撕拼”大战，借势明星效应，直指后者涉嫌非法运营。由于专车话题非常敏感，大众关注度很高，吴秀波、海清、杨璐等名人代言的海报一曝光，立即在微博、微信疯传。几天下来，神州专车一跃成为全国人民关注的品牌。

目前，事件营销“四两拨千斤”的绝妙效果已经被越来越多的企业认可。在整个新媒体营销体系中，事件营销也已成为最重要的一环，不可或缺。

媒体推送

媒体推送是指将预先准备好的文章，主动推送给相关媒体发表。通常情况下，会发布数十家，甚至上百家，以期达到铺天盖地的传播效果。目前，媒体推送已经成为最常见的新媒体营销手法之一。相比“硬广”，媒体发布的文章更容易博得大众消费者信任。并且，后续效果会持续很长一段时间。因为，文章发布后，通常会长期存在。当用户搜索相关关键词时，这些推送的文章会显示在搜索结果列表中。在媒体竞争持续加剧的背景下，媒体推送的成本却相对低廉。在科技领域更为明显，一些老牌的有新闻源的网媒的发布成本甚至不超过50元人民币。因此，在预算有限的情况下，媒体推送已经成为替代广告的最佳营销手段之一。

社会化营销

社会化营销，也被称为社会化媒体营销，即利用社会化网络、在线社区、博客、百科或者其他互联网协作平台和媒体来传播和发布资讯，从而形成的营销、销售、公共关系处理和客户关系服务维护及开拓的一种方式。一般社会化媒体营销工具包括论坛、博客、图片/视频分享网站、SNS社区等等。当前，微博、微信、视频直播等社会化媒体已经渗透到人们工作、生活的方方面面，充分利用这些工具已成为所有新媒体营销人员的必修课。相比广告，社会化营销更适合承载口碑传播项目。因为它强调圈子，熟人的声音更可信。小米的快速崛起就就是善用社会化营销的结果。小米联合创始人黎万强就曾表示，小米新媒体营销的主战场在社交媒体：微博、微信、论坛和 QQ 空间。

总之，广告的替代手段越来越多，这是新媒体时代营销手段优胜劣汰的必然结果。不难预见，随着移动互联网的不断发展，替代广告的营销工具还会不断增加。与此同时，用户的习惯性忽略、可信度的下降、成本的上升、效果的下滑，以及广告公司创意能力的滞后，都将带来广告的快速衰落。不过，我想强调的是：这并不意味着广告已经毫无价值，在新媒体营销的组合拳中，广告仍然是不可或缺的一环。

另外，广告在品牌维系方面还将持续发挥作用，尽管靠广告建立美誉度不太可能，但靠广告建立知名度还是一条不错的道路。所以，用好广告，可以让新媒体营销事半功倍。不过，这又是另一个全新的话题，在这里就不展开了。

延伸阅读：广告该怎么打

第一条：打广告要拿出“泡妞”的精神

关于谈恋爱有这样一个广为人知的段子：大学室友 A，貌不惊人，才不出众，学习稀松平常，调皮有心无胆……但他一眼就看上了我们班上的班花，怎奈班花早已心有所属，男朋友是高中同学，此时正海誓山盟、如胶似漆。A 兄却知难而上，越挫越勇。坚持陪学习、陪说话、陪逛街、帮打水、帮打饭、帮写作业……三年后终于抱得美人归，现在娃子都能打酱油了！

结论：现在，广告生效周期通常为 6～9 个月，甚至更长。一旦目标设定，广告投放切忌朝发夕止。行百里者半九十，如果不能贯穿始终，前期投入的白花花的银子都会打了水漂。

第二条：打不死不打，打不残不打，打不着不打

清咸丰晚年，朝廷腐败，列强入侵。其间有个日本浪人来到中国摆擂挑衅。此人本心不是太坏，但因硬功出众，刀法惊奇，出手较重，打死打伤不少中国人。国人多心有愤恨但不敢上手。后一老者手持拐棍上场。日本浪人见此老者瘦小枯干，走路摇摆不定，颇感诧异：你也（敢）来打擂？老者不慌不忙，只是轻轻点头。生死文书签订之后，开始动手。日本浪人手握宝刀示意给老者取兵器，老者摇头拒绝：此拐棍足矣！说是拐棍其实就是一个树枝，普通无奇。一伸手，仅一个回合，老者拐棍即点住日本浪人右前臂。老者说，我这若是刀，君的胳膊可就废了。日本浪人不服，认为是一时轻敌、疏忽大意。二次交手，仍是一个回合，老者即用拐棍点住日本浪人咽喉。日本浪人恍然大悟，扔刀跪地请求拜师，老者一语不发拂袖而去！此老者正是形意拳掌门人李洛能的大弟子车毅斋。

结论：中国最威猛的拳术形意拳有三不打：打不死不打，打不残不打，打不着不打。此法用在广告投放上同样适用。打广告，就像投硬币，最后的结果非正即反，没有中间的可能，要么100分，要么0分。所以打广告之前，一定要做好策划，要么不出手，出手就要成功。

第三条：把盐放在盆里

A公司用尽浑身解数仍搞不定一个大客户B，苦脑万分。后找到广告公司C公司来商量对策。由于预算有限，C公司要想做成此事绝非易事。不过C公司非等闲之辈，经验丰富。一番研究后给出一方案：充分调查B公司老板住所、公司地点、行车路线、经常出差的城市、常用交通工具等信息，在B公司老板活动半径内集中投放A公司广告。三个月后A与B的合作达成。事后，C公司觉得此法颇妙，经常故意将某公司广告放到其竞争对手老板活动半径中，然后在广告中留下自己的联系方式，C公司也因此得到不少实惠！

结论：一把盐放到河中，肯定平淡无奇，但放到一盆水中，这盆水马上变咸。广告投放不是覆盖面越大就代表越好，能否真正影响到未来的客户才是关键。在信息爆炸的时代，精准比覆盖更重要。好钢要使在刃上！

第四条：把你的想法直接说出来

曾经有一个小说家，严重抑郁，平常呆在人烟稀少的纽约远郊区。实在吃腻了自己做的饭菜，就一路搭车到纽约，在电话黄页里找到当红女影星的电话，打过去，说，我是写××小说的作者，我想和你发生并保持男女关系。然后，他就成功了。

结论：打广告，最好直抒胸臆，切忌转弯抹角。“御苁蓉”用一支塑料水枪东指西指最后滴下两滴暗示男性功能问题，效果不疼不痒；“汇仁肾宝”用一个依偎在男人身边的美丽女人说，吃了汇仁贤宝，他好我也好，产品大卖。

第五条：见人说人话，见鬼说鬼话

《茶馆》里有一句经典台词：“每个月您得给我们哥俩意思意思，别把这点意思弄成不好意思。到时候可就没意思了。”好像啥也没说，其实啥都说了。

我老婆小时候不爱吃饭，岳母想了一个办法：在粥中放几条红萝卜丝。然后对我老婆说：看粥里有小红鱼，快捉住把它吃掉。这样，我老婆能吃掉一大碗粥！

结论：打广告，要站在客户的角度，用客户的语言讲话，说客户听得懂的话。给A群体做的广告，B群体听不明白不重要，A听懂了就足够了。

第六条：不打好的广告，打对的广告

某保健品公司，做了一个叫“××金”的品牌。从2001年起，其广告就铺天盖地而来，出现频率之密集，创造了中国广告之最，可谓奇观！不过，这则广告毫无艺术可言，没有明星，没啥大家，制作上也没啥技术含量，仅是三个大头人在那里反反复复地念叨，简直让人烦死了！但正是这样一个广告让该品牌在保健品市场不断低迷，消费者日益理性，广告可信度持续降低的情况下大卖！

某牙膏广告，故事设计得很好，画面也很温馨，还请了当红明星出演。由于出演明星的识别度很高（大嘴），故事很容易让人记住。可是广告中没有把品牌识别度做出来，很多人看后，只记得故事，不记得产品。这么美

的广告，最后没给观众留下产品的深刻印象，实在可惜！

结论：广告不是艺术，而是用于传播的工具。玩虚的没有用，能带来销量才是关键。广告无所谓专业，更无所谓高雅，带不来业绩，一切都是空谈。

第七条：一个广告只讲一个故事

某饮料企业 W，开发了一款新产品，希望在儿童和成人间都大卖。产品上市后，按传统广告打法做了一段时间，收效甚微。于是，W 将同一款产品注册了两个品牌，以成人为目标消费群的叫 AXX，而以儿童为目标消费群的叫 BXX，包装、口号、广告等等配套全部独立设计。然后，一款产品，两个品牌都大卖！

结论：一个产品可能有多个特点和优势，什么都说，就相当于什么都没说。市场定位的本质不是产品是什么，而是你告诉消费者它是什么。

第八条：别把牛皮吹大了

S 君，我的一个好哥们，典型的技术宅男，老大不小了也没谈上女朋友。后来，在各种压力下玩开了网恋。有一天，兴冲冲地和我说要去约会，还将“女神”照片秀给我看。看过照片之后，我都有点结婚结早了的感觉。第二天，我向他询问进展，这哥们发表了一通“‘美图秀秀、自拍神器’等逆天工具在本国该禁用”的言论后，再无下文。

G 姐，我的一个女性网友，身材不错，长相一般。性格开朗、朴实、天真。一直没有找到合适的男朋友，后来我把我的另一个好哥们 P 君，介绍给了她。这两位都有一个共同的特点，就是为人实在，不说过火的话。他们互换几张生活照之后开始约会，并迅速擦出爱情火花。后来，我参加了他们的婚礼，现在他们生了个大胖小子，小三口简直羡煞人也！

结论：打广告时，适度地夸张可以起到锦上添花的效果，但过度夸张则对自身品牌是一种极大伤害。如果你只是想做一锤子买卖（如某些不良电视购物），夸张点可能会让你大捞一把。但要是想做长久，把握住度很关键！

第九条：打好组合拳

我的一朋友 Y 君，在河北某地级市开了一家 IT 培训学校。Y 君没啥广告投放经验，为了快速招生，采用户外发传单（大量）+报纸广告+地方电视广告+楼宇广告+户外广告+百度搜索推广的“狂轰滥炸”式广告投入。效果很明显，很快两个班就招满了，但投入也巨大，核算下来投入产出比太低。经分析数据，看到百度推广的总咨询人数和转化率都最高。于是 Y 君砍掉其他广告投放，集中火力做百度推广，一段时间下来招人数骤减，投入产出还不及从前，Y 君百思不得其解。不得不走回老路，后经高人指点，最后的广告投放方式变为：户外传单（大量）+户外广告（少量有针对性地段）+百度推广（优化关键词）组合。逐渐走上正轨，学校开得有声有色。

结论：广告最终的效果，是一个合力的结果，缺少哪一环节也不行。打广告，要学会打组合拳。利用好不同媒介平台的优势。

第十条：切忌顾脑袋不顾屁股

我的老家冬天很冷，小时候，每每下大雪，都会和老爸一起去山里“捡”野鸡。这种动物很笨，只顾脑袋不顾屁股，天气一冷，又没有吃的，晚上休息时将头扎进雪里（下面有草），屁股却仍在外面，一夜下来很多都被冻死了。听起来好笑，有些公司也犯同样的错误。某公司一款新产品要上市，市场经理正好大显身手，广告推广方案也算不错，广告投放出去之后，订单马上大量集中而至，可到库房一看：没货！烧点广告费不算什么，如果因此伤了多年积累下来的信誉，就亏大了！

结论：打广告要做好内部沟通，与产品、销售一定要同步。订单有了，产品没有；产品有了，订单没有，两者都是空！

第 6 章　公关的崛起

广告的没落，对应着公关的崛起！

公关即公共关系，是社会组织同构成其生存环境、影响其生存与发展的那部分公众的一种社会关系，是一个组织为了达到特定目标，在组织内外部员工之间、组织之间建立起一种良好关系的科学。这里所说的公关泛指新媒体营销过程中一切公关行为和手段，而非单指公关公司。

当前，网络已成为影响大众消费者品牌认知的第一舆论阵地。所以，公关的主要发力点也集中到了网络上。最近几年，专职网络公关公司大量涌现，新型公关手法也越来越多，最常见的就不下十余种，包括前文所提到的事件营销、软文营销、口碑营销、媒体推送，等等。值得一提的是，随着现代企业的品牌传播意识的逐渐加强，公关已成为互联网时代新媒体营销的标配，越来越多的企业将公关纳入到企业运营的核心架构。

显然，公关的崛起是时代发展的必然结果。未来，无论大型企业，还是创业公司，要想更快速发展，都离不开公关的助力。更不容忽视的是，随着媒体环境的快速变化，新媒体营销的主线正发生一个颠覆性的变化：原来以广告为主，现在以公关为主（注：这里的广告更多是品牌广告）。广告变成公关的一个手段和途径。也就是说，公关是方向，广告是方法。广告该如何打，应围绕公关目标展开，而不是各行其是。之所以会形成这样的格局，主要是因为公关有着广告无法取代的优势。具体说来，其最核心的优势包括五点：

（1）　公关让传播更高效；

（2）　公关让第三方机构说出你的品牌；

（3）　公关是以小博大的游戏；

（4）　公关善用圈子做好口碑传播；

（5）　公关的核心是控制媒体信息流，而不是购买版位。

6.1　高效传播

“道者，令民与上同意也，故可以与之死，可以与之生，而不畏危！”商场如战场，《孙子兵法》开篇便讲出了古代战争中致胜的根本，也道出了现代企业新媒体营销的精髓：让大众消费者认同企业品牌理念。

品牌认同，说来简单，做起来很难。近几年，信息爆炸，广告泛滥，大众消费者学会了习惯性忽略不相关的信息。无论是建立新品牌，还是维系旧品牌，执行难度都比之前有了明显增加。与此同时，市场营销赖以生存的外部媒体环境发生了翻天覆地的变化，信息传播路径也与之前有了明显差别，疯狂砸钱买广告这种简单粗暴的传播方式开始失效，越来越多的企业开始寻找更加高效的传播手段。

高效与低效，都是相对概念，没有绝对的高，也没有绝对的低。从目前市场情况来看，只要比广告的传播效果更好，就可以称得上“高效”！事实证明，公关作为一种历史悠久的营销理念，在复杂多元的新媒体环境中，确实比广告更加高效。具体原因主要包括以下三个方面。

1. 公关可以做到定制化信息传递

互联网时代，大众消费者不再缺少信息，但缺少优质的信息。任何时候，优质信息都是稀缺资源，并且随着信息的爆炸式增长，优质信息的检索难度逐渐加大。在精力有限的情况下，消费者更加倾向于关注对自己有价值的信息。因此，用户关注的信息才是有效的信息，只有将企业的品牌理念融入到用户关注的信息中，传播才更加有效。

从本质上看，广告是一种硬邦邦的信息广播，无法做到定制化信息传递。但公关可以，一篇文章、一段视频、一张图片，甚至一句有意思的网络评论，都可以融入企业设计过的传播元素。公关让传播无处不在，公关也让用户在不知不觉中认识、理解、认可企业的品牌理念。

2. 公关可以做到针对性舆论覆盖

纵观整个新媒体营销发展历程，我们发现，信息传播正在经历从“聚众”到“分众”的重大转折。所谓“聚众”，就是一个页面包揽天下。比如，新浪、网易、搜狐、凤凰等门户网站，内容覆盖维度其广无比！所谓“分众”，就是通过重度垂直内容，吸引特定的读者群。比如，极客网、36氪、网贷之家等行业媒体。门户类媒体看似无所不包的内容形态，注定在深度上无法与专业的垂直媒体相抗衡。近几年，随着移动互联网的快速发展，人们对专业内容的需求日益旺盛。各领域的垂直媒体不断涌现，极大地分化了大众消费者的注意力。因此，一家媒体通吃的时代一去不返，最有效的传播途径不再是面面俱到的广告轰炸，而是有针对性的舆论覆盖。

广告是单向的传播，公关是根据关系的互动。所以，再有针对性的广告也是自说自话，不能深入消费者心智。而公关完全不一样，它重视互动，强调关系，所有传播设计都以潜在受众群体能够接受为最基本前提。公关给传播过程赋予了独特的社交属性，它能让大众消费者在与企业互动的同时，认同企业品牌，这是任何形式的广告都做不到的！

3. 公关可以引爆“病毒式”传播链

所谓“病毒式”传播，就是让企业品牌理念通过社交网络自我传播。病毒式传播是当下新媒体营销中最热门的操作手法之一。它的核心是一种自我复制式信息传播战略：通过一系列舆论引导，将设计好的信息源释放，再依靠用户自发的口碑宣传，达到一种快速滚雪球式的传播效果。近年来，随着移动互联网的快速发展，口碑营销被提到了前所未有高度，哪种方法能够引爆“病毒式”传播链，哪种方式便是新的营销之“王”。然而，传统广告根本无法承载这种新的诉求，因为广告一出生便带着“原罪”，大部分用户不相信广告是公正的，也不愿意主动去传播冷冰冰的广告。

公关从本质上看也是一种企业自我营销手段，但它更高明。因为，公关不是直抒胸臆，而是通过一系列包装手段，将自己的品牌理念隐藏在各种信息中。一个动人的创业故事，一段精彩的经验分享，一场惊心动魄的产品发布……总是比广告更能打动人。善用公关的新媒体营销人都知道，公关开创了一种与大众消费者内心近距离接触的传播方式，运营得当，很容易引爆“病毒式”传播链。而这，正是互联网时代高效传播的最佳捷径！

如何利用公关做高质量传播，我们将在本书第四部分详细为大家解读。在这里，大家只需要清楚：从战略角度看，新媒体营销的终级目标是让企业的品牌扎根到大众消费者的心智当中。要做到这一点，需要更高效的传播手段。广告做不到这一点，而公关可以。新媒体时代，传播已经不限于某一种形式，一篇文章、一段视频、一张图片，甚至一句有意思的网络评论，都可以成为企业传播链当中的重要一环。广告让传播无处不在，但公关让无处不在的传播更加有效。所以，新媒体营销人员要想创造直达大众消费者内心的营销奇迹，不能靠单点作战的广告，而要靠一以贯之的公关！

6.2 第三方的力量

在中国人的生存哲学中，“第三方”的力量非同小可。比如，我们组团郊游，说好费用 AA 制，但在实际操作过程中，是由一个预先垫付的。当活动结束，垫付者不会自己站出来请大家缴费，而是要请一个“第三方”组织大家落实 AA 制。再如，A 要向 B 购买一处房产，A 不是直接向 B 去买，而是先找一个“第三方”做“见证人”，三方同时在场，当面锣对面鼓敲定细节。支付宝的崛起，也正是基于此，所以，支付宝所在的行业也被称为第三方支付。

在中国，要想做好新媒体营销，“第三方”的力量也不容忽视。运用好“第三方”的力量，可以解决信息可信度、传播效率、渠道阻塞等诸多问题。在某些特定环节，有“第三方”助力事半功倍，没有“第三方”助力，则很难打开局面。比如，企业在上市之前，都会集中宣传自己在所属领域中的领先优势。如果一味地自说自话，一定不会有太大反响，但如果请第三方研究机构发个报告，公信力就会瞬间提升一大截！

在中国的新媒体营销链条中，最重要的“第三方”主要包括以下几类角色。

1. 新闻媒体

在整个新媒体营销链条中，新闻媒体的重要性不言而喻。没有新闻媒体，新媒体营销也就无从谈起。从公关的角度看，新闻媒体最有价值的部分不是广告位，而是新闻报道。同样的品牌理念，同样的产品优势，自己说出来，和通过媒体说出来，效果会全然不同。自己通过广告表达的，叫王婆卖瓜，自说自夸，没有可信度。而通过新闻媒体说出来的客观报道，有极大的说服力。因此，尽可能多地争取新闻媒体的正向报道，已经成为新媒体营销过程中的核心环节之一。新闻媒体，也是新媒体营销链条中，最重要的“第三方”。

2. 自媒体和意见领袖

众媒时代，个人的话语权得到了前所未有的提升。自媒体和意见领袖的声音，也已成为影响大众消费者品牌认知和购买决策的重要因素。在某些特殊行业，自媒体和意见领袖的观点，甚至比新闻媒体更重要。比如，在互联网金融理财市场，新浪网编辑的大力推荐，可能远不如百度百家大V振臂一呼来得有影响力。因此，争取到自媒体和意见领袖的支持，已经成为当前新媒体营销过程中的重要环节之一。在某些特定传播项目中，甚至只有自媒人和意见领袖，而不见任何一家新闻媒体的身影。显然，自媒体和意见领袖已成为新媒体营销链条中不可或缺的一类“第三方”。

3. 市场研究机构

媒体更多的时候是输出事实报道和观点，而不能输出数据。但无论什么观点，要想站住脚，都要有数据支撑。新广告法修订以后，企业宣传广告中不能再体现“第一”、“最大”、“唯一”等敏感词汇。企业要想表现这些优势，引用第三方数据报告成为最佳选择。当前，市场上拥有一大批拥有良好公信力的市场研究机构。比如国外的 IDC、Gartner、Forrester，国内的易观、艾瑞、清科等。除了例行的市场研究报告之外，这些市场研究机构通常还会与企业联合做一些定制报告。对于新媒体营销人员来说，这些定制报告大有文章可做。比如，选取利于自己的统计维度，与行业领导者放在同一张图表中，用行业高速增长烘托自己的远见，等等。总之，只要用心，一定能找到有益的助力点。所以，为了弥补广告在可信度方面的不足，引用市场研究机构数据已成当前新媒体营销方案中的标配，市场研究自然也成了新媒体营销链条中的核心“第三方”之一。

4. 媒介公司

随着市场经济的不断发展深入，各行各业的角色分工愈发精细，新媒体营销领域也不例外。当前，市场上出现了一类专门帮助企业打点媒体关系的公司，行业内习惯称之为媒介。对于企业的新媒体营销人员来说，使用媒介公司有很多好处。第一，省事。媒介公司手上通常有大量媒体资源，无论是软文发布，还是广告位购买，抑或寻求报道，媒介公司都能在最短的时间内找到对的人，帮助企业节省时间，提高沟通效率。第二，省钱。媒介公司经常与媒体合作，对各家媒体的报价体系和优惠政策非常熟悉，媒介公司能够帮助企业以优惠的价格拿到最优质的资源。第三，无需搭人情。企业与媒体打交道，往往会搭上很大的人情。通过媒介公司去做发稿、改稿等基础传播工作，可以大大减少企业的媒体关系维护工作。更重要的是，企业不与媒体直接交易，能够更好地保持报道的中立性。大众消费者，也更愿意相信媒体的报道。另外，使用媒介公司，还有很多隐性好处，如：获取竞争对手情报，集中了解某类行业媒体风格，快速处理负面报道，等等。当前，如何利用好不同类型的媒介公司，已经成为新媒体营销人员的必修课。与此同时，媒介公司也已成为新媒体营销链条中最接地气的“第三方”之一！

通过梳理新媒体营销链条中的“第三方”类型，我们不难发现，巧用“第三方”的力量，是公关能够快速崛起的重要原因。相比传统广告的自说自话，借第三方之口表达出自己的价值，可信度更高。毫不夸张地讲，在新媒体营销实战中，如果只有广告，没有公关，那么企业的品牌就不可能深达大众消费者的心智。所以，从实务层面看，公关是新媒体营销的核心环节，而公关之所以能够快速取代广告，是因为它承载了广告不能承载的功能：让第三方机构说出企业的品牌。

6.3 以小博大的游戏

随着广告效果的持续下滑，砸钱买广告已非王道。利用各种信息工具，制造利于自己品牌传播的舆论环境才是明智之举。在这种情况下，灵活、高效、操作流程相对成熟的公关，慢慢从边缘走向核心，成为新媒体营销中的主线。当前，社会化媒体平台的影响力已经全面崛起，如果你能弄出一个关注度百万级，甚至上亿级的事件，想要媒体不报道都难。所以，公关慢慢演变成了一种以小博大的游戏，它强调以最小成本博取最大的传播效果。这种逻辑，并非单纯出于资金成本考虑，而是时代发展的必然。

纵观近几年国内新媒体营销市场发展，我们惊喜地发现，公关之所以快速崛起并成为主流，除了传统广告的快速衰落之外，更核心的原因是公关有着更适合时代发展的特性。比如，公关强调效果，注重圈子，还同时具备长、短期效用。如果说，外部媒体环境的变化，催生了适合公关生存与发展的土壤，那么，公关的内在特性，就是其茁壮成长的核心动力。在笔者看来，支撑公关快速崛起的内在特性主要包括以下几个方面。

1. 钱不是最重要的

广告是大企业的禁脔，但公关却是任何企业都可以玩的游戏。因为打广告需要大量资金投入，投入的资金量越大，广告所覆盖的人就越多，最终的效果也越有保证；相反，投入的资金少，则覆盖面小，效果自然打折。但做公关，却是另一套逻辑。有钱并不一定能做好公关。因为公关是智力驱动型项目，有再多的钱，没有好的创意和策略，也无济于事！在预算有限的情况下，如果策略得当，往往也能达到四两拨千斤的效果！

2. 好公关不在人多

做公关不一定需要特别大的团队。十个人能干，一个人也能干。而且，一个人所做出的成绩，并不一定会输给十个人。这是智力驱动型项目的共性。比如，写一部万世流芳的《红楼梦》，曹雪芹一人就够了。没有曹雪芹，换一百个精于文字的书生亦无济于事。再如，阿里巴巴是规模很大的互联网公司，但在 2015 年之前，常驻北京的公关人员只有三个。所以，无论企业大小、人员多少，都可以把公关做好。公关强调以小博大，强调既有资源的价值最大化。

3. 公关不需要面面俱到

广告是轰炸团，公关是特工队。广告要尽可能地轰炸到每一个人，而公关只需要拿下一部分人。公关从本质上看是一种关系哲学。凡是关系，必有远近；既有远近，必有深浅。所以，公关更注重特定人群的定制化策略，而非面面俱到。重要的人多投入，次重要的人少投入，不重要的人零投入。从这个角度看，公关比广告更注重传播质量，投资回报率也更高。

4. 公关善于借力打力

口碑营销是公关战的核心。好的公关，不是自说自话，而是通过一系列舆论引导，让品牌通过社交网络自我传播。在整个过程中，公关只负责引爆，大部分传播是由大众消费者来自发完成的。也就是说，公关善于借助外力将自己的音量放大。并且，公关所借用的媒体渠道往往是免费的，如微博、微信、论坛、社区、QQ 空间、百度贴吧等。

5. 公关强调细水长流

广告需要爆发力，要打，就要一次打透，只有在有限的时间内，做出轰动效应，广告才有效。然而，公关却无需如此。公关的终极目标是将品牌注入消费者心智，所以它更强调一以贯之的连续性影响。一次惊心动魄的事件营销固然可贵，但“不积小流无以成江海”，日常例行的曝光更不可或缺。品牌不是一两天的事，它需要长时间的沉淀和积累。这与公关的特性不谋而合，公关是持续的，它强调细水长流，润物细无声！

综上所述，公关的种种特质决定它是一个以小博大的游戏。公关取代广告，既是时代发展的必然，也是企业全面拥抱新媒体营销的需要。毫不夸张地讲，不知不觉中，我们已经进入了一个“无公关，不营销”的新时代。更重要的是，广告砸出来的关注度一闪即逝，而公关引发的关注则会带来持续的影响力。广告是企业的礼服，华丽夺目，但只能在特点场合发挥效用。公关是企业的气质，伴随企业终身，无时不在，无处不在。它是外界认识企业的第一道窗口。所以，新媒体营销的核心逻辑应该是：

公关第一，广告第二！

6.4 圈子与口碑

口碑传播时代赋予了圈子极大的威力，而公关的核心职能之一就是利用圈子做好口碑营销。

所谓圈子，就是具有相同爱好、兴趣，或者为了某个特定目的而联系在一起的人群。中国的圈子文化异常盛行，小到外出郊游团，大到行业联盟，圈子无处不在。对于圈子的研究与经营，可以说自古至今一直没有中断过。进入互联网时代以后，圈子的物理地域边界被打破，信息传递效率更高，威力也更大。新媒体营销所经营的圈子，也是指基于网络媒介建立起来的圈子。具体来说，新媒体营销中圈子的载体主要包括以下几类形式。

1. 垂直媒体

垂直媒体是指将注意力集中在某些特定领域的媒体，它提供有关这个领域的深度信息和相关服务。作为网络时代的典型代表，垂直媒体正引起越来越多人的关注。近几年，在“分众”大趋势下，垂直媒体快速崛起。当前，几乎所有行业都已有专业的垂直媒体出现，有些热门行业甚至不止一两家。以科技互联网为例，大大小小垂直媒体不下1000家！垂直媒体的优势非常明显，由于专注，它可以聚集一大批有共同特点的人。

2. 垂直社区

垂直社区是指具有特定主题的BBS/论坛、贴吧、公告栏、群组讨论、在线聊天室等网络交流空间。相比垂直媒体，垂直社区的互动性更强，用户黏性更好。垂直社区这种网络媒介历史悠久，形式多样，不同领域、不同年龄、不同阶层的人都有各自钟爱的社区形式。因此，垂直社区的总体规模更加庞大。对于新媒体营销人员来说，垂直社区的最大价值就在于，它可以让企业品牌与潜在受众零距离接触、互动。这种精准、直达的效果是其他任何媒体形式都无法取代的。

3. 大V

众媒时代，各种大V迅速崛起。微博红人、自媒体、专栏作家、微信达人……都可以凭借自身影响力和简单易用的互联网工具，建立起个人特色鲜明的圈子。《罗辑思维》、《吴晓波频道》、《晓说》等都是善于经营圈子营销的典型代表。当前，正是自媒体的黄金时代，大V圈子的爆发力非常强。比如，《罗辑思维》自媒体推出罗振宇个人脱口秀跨年演讲项目，7小时销售VIP席位总销售额1476万元，这就是中国顶级大V的威力！

4. 微信群

随着微信的快速崛起，微信群正在成为当前最热门、最方便、最快捷的“圈子”载体。微信群建立在移动端，信息可以直达每个人每天必看的手机，影响力不言而喻。在红包雨、微课、微论坛、微竞赛等一系列“花样儿”的带动下，微信群在新媒体营销中的应用越来越广泛。毫不夸张地讲，微信群经营，已经成为当下圈子营销的首选阵地之一。

5. 朋友圈

朋友圈是天然的圈子，它最大的特色是信息传播效率高、可信度好。谈到朋友圈，微信朋友圈无疑是其中的头牌。无论覆盖面，还是影响力都稳居第一。但它并不是唯一！随着移动互联网的快速普及，各种社交 APP 层出不穷。百万级规模以上的就不下数十种。陌陌、YY、来往、花田、易信、脉脉等就是其中的典型代表。而这些社交 APP 的朋友圈，也已成为圈子营销不容忽视的阵地。

另外，线下社区、会所、主题咖啡都是圈子营销的得力载体。在 O2O 概念大行其道的当下，圈子营销也非常崇尚线上线下相结合。所以，新媒体营销中所用到的圈子，也不单是线上圈子，线下圈子同等重要。不过，需要强调的是，无论线上还是线下，圈子的本质没有变。那就是：圈子是因共同偏好而聚集在一起的人群。

圈子强调互动，注重共同的气场，是一种天然的、可信任的信息承载媒介。因此，利用圈子做传播的好处是显而易见的。具体说来，主要包括以下几点。

1. 成本低

圈子的新闻媒体属性较小，而信息媒介的属性更强。利用圈子传播信息无需缴纳昂贵的广告费。最大的投入，不过是源信息的策划成本。对于新媒体营销人员来说，创作内容是每天都需要做的基本工作，因此这部分成本基本上可以忽略不计。另外，由于圈子基于共同兴趣，营销素材的二次传播率很高，只要内容有一定深度，圈子内成员的主动转发意愿一般会高于普通内容的两到三倍。并且，这种二次传播不会带来任何额外成本。

2. 受众集中度高

圈子是特定人群的集合，因此潜在受众的集中度很高。这很好理解，《通信人家园》中的注册用户，要么是通信行业人士，要么就是对通信感兴趣的人。因此，针对特定圈子的传播，一定会比泛泛的广告效率高。信息时代，数据大爆炸，精准营销成为大势所趋。也就是说，新媒体时代的品牌传播策略，用户精准定位比数量更重要。而基于圈子的定向传播是通往精准营销的最佳路径之一。

3. 口碑效应好

众所周知，大部分口碑营销会在朋友、亲友、同事等关系较为亲近的群体中展开。之所以如此，是因为信任是口碑营销的基础，熟人间信任更容易建立。圈子作为一种古老的人员聚合形式，其成员之间通常为熟人、半熟人关系，而这正是口碑营销的绝佳载体。通过圈子做口碑营销，有信任基础，针对性强，示范性好，专业度高，而且没有额外成本，因此比一般媒体渠道所带来的效果更好。

综上所述，相比简单粗暴的广告，善用圈子做好口碑传播是公关的另一大优势。随着口碑营销在新媒体营销中的持续升温，公关取代广告的趋势将日益强烈。

6.5 控制媒体信息流

做新媒体营销最好的途径不是购买媒体广告版位，而是控制媒体信息流。因为购买广告位需要大量资金，而控制媒体信息流却可以相对容易地实现低成本运作。当然，并不是所有的人都能控制媒体信息流的，就算精于这方面的熟手，也不是每次都能成功。但不可否认的是，相比电视媒体时代，网络媒体时代控制媒体信息流更容易了。

首先，公关人员有很多免费渠道可以用。比如，微博、微信公众号、垂直社区、行业论坛，等等。口碑营销时代，这些渠道的影响力不容忽视。

要知道，很多重大事件的首发媒体都是这些社会化的免费渠道。当前，大众消费者对于这些渠道信息的信任度很高。主动转发的意愿也在不断增强。更重要的是，社会化媒体渠道的热门信息，已经成为大部分传统媒体的重要新闻源。所以，从某种程度上讲，利用好这些免费渠道，也能达到引领舆论的目的。

其次，媒体间的竞争日益激烈。竞争既表现在营收方面，也表现在内容方面。当前，越来越多的中小媒体（如科技博客、自媒体专栏）每天都在为内容苦恼、奔波。这给新媒体营销人员提供了很大的操作空间。比如，主动投递一篇重磅新闻（策划过的），获得刊载和报道的机会很大，只要有一家媒体发布，跟风者自然络绎不绝。如果内容涉及热门公司，各大媒体“蜂拥而上”也是常有的事。

第三，迫于生存压力，很多媒体不得不“投靠”某些利益集团。有些甚至被财团投资、控股、收购。因此，国内媒体内容“灌水”现象日益突出。也是说，利用资本的力量，可以对媒体舆论施加影响。对于新媒体营销人员来说，这是一个非常值得思考的现象。要知道，凡是可以控制媒体信息流的方法，都可以加以利用。

第四，众媒时代，自媒体盛况空前。在一个又一个自媒体创富神话激励下，越来越多的人投身自媒体行业。然而，自媒体的营收瓶颈非常明显，当前大部分自媒体的生存状态不甚理想。这给新媒体营销人员，带来了可乘之机。约自媒体的稿件，比寻求传统媒体报道容易得多。并且，自媒体往往不会绑死在一家平台，基本上会同时入驻市场上所有主流平台。也就是说，通过一个自媒体，你的内容就可以刊登在百度百家、搜狐自媒体、网易专栏、微信公众号、新浪创世纪等一系列知名媒体平台中。我曾见过一个自媒体人，他一个人就有一百多个网媒的专栏账号。

第五，崇尚快餐文化的当下，媒体人的工作节奏比以往任何时代都要快。很多时候，流量比真相更重要。有流量，就有奖金，有流量，就有话语权！所以，和所有商业机构一样，媒体是贪婪的。内容、点击量、赞助……凡是对媒体有利的资源都可以成为营销人员控制媒体信息流的“诱饵”。更值得一提的是，随着公关业的蓬勃发展，媒体与营销人员已经能够和谐相处。与其说营销人员控制媒体信息流，倒不如说，姜太公钓鱼，愿者上钩！

总之，种种迹象已经表明，现代公关的核心是控制媒体信息流，而不是购买版位。这种变化不仅带来了旧有营销体系的一次全面转型与升级，还改变了企业品牌塑造的一般路径。控制媒体信息流广告不再有效，以内容为核心的一系列新传播手段慢慢走向核心。更重要的是，随着媒体形态的快速演进，控制媒体信息流的成本正的快速降低。对于新媒体营销人员来说，这无疑是巨大的利好消息。更值得一提的是，公关的崛起已经成为全球大趋势，中国如此，美国如此，英国亦如此。

著名国际性金融媒体《金融时报》的一篇文章显示，英国公关业从业人员的数量在不断增加，而且很快就会超过记者人数。除了英国，美国的在职记者跟公关人员的数量比为 1:4.6。

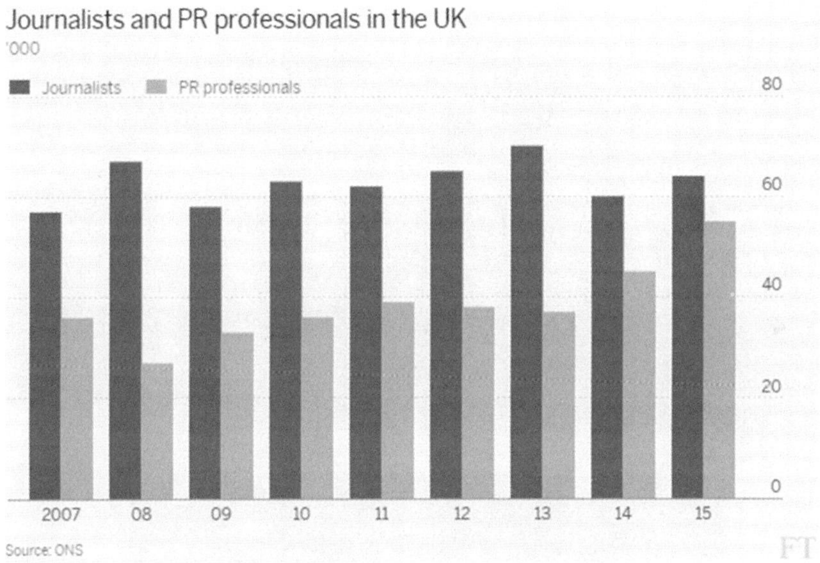

2007-2015 年英国记者和公关人员数量

如上图所示，公关从业人员的数量正在迎头赶上：五年前，记者比公关多 27,000 人。如今这一数字已缩小到 9,000 人。如果近两年的趋势持续下去，则将于 2016 年或 2017 年公关人数超过记者。但中期变化趋势并不显著，这表明公关从业人员的数量要到 2025 年才会超过记者人数。

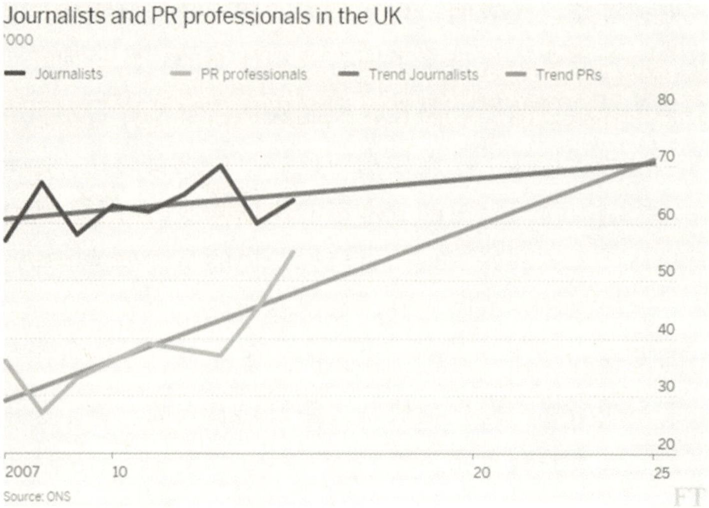

2007-2025 年英国记者及公关人数变化趋势

我们再来回顾一下广告没落、公关崛起的核心逻辑吧：

（1） 广告是王婆卖瓜，缺少公信力；而公关是借第三方之口说出自己的品牌价值，可信度高。

（2） 广告泛滥成灾，消费者习惯性忽略；而公关的核心是口碑营销，强调精准传播与圈子的力量，信息传播更加高效。

（3） 广告是单向传播，靠信息轰炸影响消费者，这种模式效果日渐式微，慢慢被边缘化；而公关是互动传播，强调效果，注重圈子，还同时具备长、短期效用，正逐渐成为新媒体营销的核心。

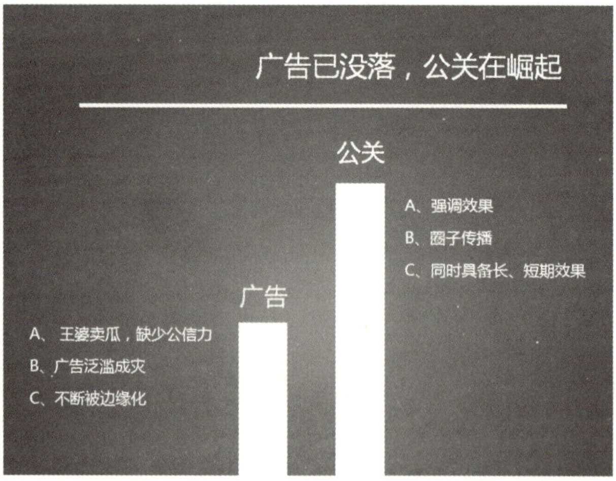

第 7 章　移动优先

7.1　左右一个时代的力量

“科学技术是第一生产力！”

1988 年 9 月，中国改革开放和现代化建设总设计师邓小平同志这句具有划时代意义的经典论断，像雨夜中的一道厉闪，在黑暗中豁开一个敞亮的口子，让迷茫的人们模模糊糊地看到了远方的道路。如果说，这个论断的横空出世，拉开了一个新时代的序幕，那么，接下来的 30 年，则上演了一部波澜壮阔的史诗般的改革与发展大戏。而其中最动人的篇章，无不印证着这一论断的正确性。直到现在，支撑我们扬帆全球的创新之舰，还在沿着这条主航线砥砺前行！

18 世纪中叶以来，人类历史上先后发生了三次工业革命，每次革命都是一部新技术驱动产业变革的铿锵大戏。第一次工业革命所开创的“蒸汽时代”（1760-1840 年），标志着农耕文明向工业文明的过渡，是人类发展史上的一个伟大奇迹；第二次工业革命进入了“电气时代”（1840-1950 年），使得电力、钢铁、铁路、化工、汽车等重工业兴起，石油成为新能源，并促使交通的迅速发展，世界各国的交流更为频繁，并逐渐形成一个全球化的国际政治、经济体系；两次世界大战之后开始的第三次工业革命，更是开创了“信息时代”（1950-现在），全球信息和资源交流变得更为迅速，大多数国家和地区都被卷入到全球化进程之中，世界政治经济格局进一步确立，人类文明的发达程度也达到空前的高度。目前，第三次工业革命已接近高潮，第四次工业革命正迎面向我们走来。

总结过去，我们可以清晰地看到，技术的进步是驱动行业变革的重要因素，尤其是进入信息时代以后，互联网相关技术与应用的快速普及给很多行业带来了颠覆性影响。比如，电子商务改变了传统零售业，打车 APP 冲击了传统出租行业，互联网金融重构了传统银行业务……展望未来，技术的进一步发展，将给产业带来更多变化。在所有新技术中，最具突破性和爆发力的莫过于移动。近两年来，随着运营商移动网络性能的不断提高，各类智能移动终端大量涌现，移动互联网市场犹如一匹脱缰的战马飞奔而来，一日千里，快速跑遍大众消费者工作与生活的方方面面。值得一提的是，移动互联网不仅改变了人们信息沟通与消费的日常习惯，还重塑了各大产业的信息形态和作业流程。面对突如其来的移动大潮，中国政府和各大互联网公司都表现出了极其支持的态度，利好移动互联网发展的新政策、新技术、新模式不断涌现，短短两三年光景，移动互联网市场总规模已达 3000 亿元人民币。更重要的是，在各方力量共同推动下，一场以移动为核心的产业变革呼啸而来，影响力空前，大有“鲸吞一切”之势！无论站在新媒体营销的角度看，还是站在产业演进的角度来分析，第四次工业革命的核心必然离不开一个关键词：移动！

20 世纪原创媒介理论家马歇尔·麦克卢汉，在其成名作《理解媒介——论人的延伸》中有一个经典论断：媒介即信息。他认为，媒介对个体和社会的影响源于新的尺度的产生。任何一种新的媒介都要在人们的事务中引进一种新的尺度。任何媒介的讯息是由它引入的人间事物的尺度变化、速度变化和模式变化。一种新媒介的出现总是意味着人的能力获得一次新的延伸，从而总会带来传播内容（讯息）的变化。因此，媒介本身才是真正有意义的讯息。即，人类只有在拥有了某种媒介之后才有可能从事与之相适应的传播和其他社会活动。简而言之，麦克卢汉的意思是说：传媒的介质会左右一个时代的信息形式。放在当下的市场场景下来说就是：移动网络和相关技术重塑了信息形式，而信息形式的变化改变了人们的信息获取习惯和思维方式，这使得企业市场营销路径和整个社会的信息结构发生了全局性、根本性的变化。因此，所有行业都将或多或少地受到移动浪潮带来的影响。

2015 年 3 月，工业和信息化部发布的通信业经济运行情况报告显示，目前我国移动电话用户规模将近 13 亿，移动互联网用户规模近 9 亿。其中，4G 用户总数达到 2.25 亿户，占移动电话用户的比重达 17.4%。移动宽带用户总数达到 6.4 亿户，对移动电话用户的渗透率达 49.3%，较上年末提高 4 个百分点，这意味着将近 70%的国人已经开始享受移动互联网带来的巨大信息“福利”。不仅如此，移动互联网在企业办公方面的应用也进展神速。易观发布的《2014 年中国企业级移动管理市场专题研究报告》显示，2014 年中国企业级移动信息化市场规模为 135 亿元人民币，增速达到 87.5%。另据 IDC 预测，中国企业级移动应用在 2017 年将达到 270 亿元人民币，年复合增长率为 45.3%。显然，无论从个人生活视角来看，还是从企业办公趋势来讲，移动都已成当前最主要的时代符号之一。

种种数据表明，移动已成大势所趋，没有什么力量能够阻止移动商业的快速崛起。随着越来越多的行业开始拥抱移动化变革，一个万亿级的大市场也将迎面向我们走来。更重要的是，移动给中国经济所带来的改变，不仅是各大行业上层应用的局部调整，而是深入到商业底层代码的一次解构与重构。

首先，企业的营销路径将被重构。在移动时代，最有效的传播媒介不再是电视、报纸、杂志、户外广告牌等传统媒体，甚至也不是新浪、网易、搜狐、凤凰等网络门户，而是一出生便扎根于移动端的移动新媒体。比如今日头条、一点资讯、Zaker 等移动资讯平台和各大网媒推出的独立新闻 APP。

其次，人们获取信息的习惯和思维模式发生改变。在移动互联网时代，信息入口更加多元，以个人为中心的定制化趋势明显，并且时间与空间分离，不再有“黄金时段”概念。在移动互联网中，用户可以把任何自己方便的时间当成“黄金时段”。另外，随着人们工作、生活节奏的不断加快，大众信息消费的时间节点更加随机，人们原本就已分散的注意力时一步被碎片化。久而久之，大众思维模式发生改变，慢慢影响到消费行为，最终改变了整个商业的底层逻辑！

再次，传统企业组织架构和作业流程被颠覆。日益成熟的移动技术打破了传统企业经营中的时间与空间限制。简单来说，在移动互联网时代，企业开在哪不重要，因为高效的沟通工具已让“地球村”成为现实。与此同时，企业与客户接触的时间，也不再是某些特定时刻，而是所有时刻。无论何时，只要用户想要，都可以通过无所不在的移动工具与企业联接。更重要的是，在新的市场环境下，传统企业形态、商业规则和业务交易模型等所有商业元素，都可能被重构，企业要想更好地发展，必须重新规划自己的作业流程。早在几年前，全球顶级“创客”谷歌就已喊出了“重新定义公司”的响亮口号。原因无它，顺应移动浪潮耳！

另外，移动带来了更多原来没有的商业模式，如基于地理位置的购物推荐，基于个人运动习惯监测的健康管理，随时随地的娱乐、购物等等。可以说，移动俨然已经成为左右一个时代的力量！

7.2 移动的魅力

移动互联网一诞生，便被寄予厚望，但直到最近两年，它才爆发出无穷的魅力。

众所周知，3G 时代，移动宽带速度并不尽如人意，并且由于市场刚刚起步，相对成熟的移动应用十分匮乏，因此早期的移动互联网一直是“雷声大，雨点小”。不过，近一两年来，市场情形大为逆转。随着运营商 4G 网络的陆续上马，我国移动网络环境大大改善，以智能手机为代表的移动智能终端快速普及，服务于大众消费者不同层面需求的移动应用不断完善，人们对移动互联网的依赖程度日益加深。种种迹象表明，在经历了短暂低谷之后，中国移动互联网迸发出了无穷的活力。

人们往往高估一年的市场发展，却低估三年的市场变化。短短两三年时间，中国移动互联网市场已跨过春天、直奔盛夏，一个万亿级的大市场初现端倪。不过，移动互联网之所以有魅力，并不是因为它市场大，而是因为它开启了很多前所未有的新商业机会。

移动互联网并不是 PC 互联网的简单延伸，而是更加深度的整合、演进。移动时代，商业变得无处不在、无时不在。与此同时，应用的快速丰富催生了众多新型商业模式。在新的移动商业体系里，大部分应用都是基于移动体验全新设计的，而不是简单地升级。简单来说，移动互联网不是互联网 2.0，而是一个全新的生态。在移动世界里，产业格局、入口形态、商业逻辑、应用体验、用户习惯……全部都有自己的独特特性。移动互联网世界与 PC 互联网世界是两个完全不同的世界！腾讯掌门人马化腾在一次公开演讲时说：

“移动互联网并不是 PC 互联网向手机互联网的简单延伸，而是颠覆。过去的 PC 互联网都已经不太算互联网了，移动互联网才是真正的一个互联网。”

在一片美好的向往声中，越来越多的企业抱着“唐·吉坷德式的热情”涌向移动互联网。近两年，大量创新型企业的加入，让移动互联网市场活力倍增。随着移动技术的广泛应用，移动互联网影响了亿万国人的生活，并极大地改变了人们的生活与生活方式。如果说，互联网简化了人们获取信息的流程，那么，移动互联网则是打破了信息的物理局限，让人们可以在任何时间、任何地点实现相互通信与信息获取，同时享受更加开放、多元、无边界的移动智能应用。而这些应用拥有全新的体验，其中的大部分内容，在 PC 互联网时代是无法企及的。具体说来，主要包括以下几个方面。

1. LBS

LBS（Location Based Services，基于位置的服务），是指通过移动终端和移动网络的相互配合，以空间数据库为基础，确定移动用户的实际地理位置，从而提供用户所需要的与位置相关的服务信息。位置服务由移动通信网络和卫星定位系统结合在一起提供的一种增值业务，它是移动通信技术、空间定位技术、地理信息系统技术等多种技术融合发展到特定历史阶段的产物。早在 1994 年，美国学者 Schilit 就已提出了 LBS 相关理念，但受限于当时的技术，LBS 仅在军方有少部分应用。最近几年，随着移动智能终端的快速普及，获取人们位置信息变得异常简单，LBS 老树发新芽，快速得到了广泛的重视和应用。

基于位置的个性化服务在传统互联网时代是无法想象的，LBS 开启了一个巨大的新型市场空间。尚普咨询发布的《2014-2018 年中国 LBS 行业深度研究及前景预测报告》显示，近几年，我国 LBS 市场一直保持较高速度的稳定增长，并且仍旧没有停止扩张的迹象。2011-2013 年我国 LBS 行业市场规模分别为 42.82 亿元、76.15 亿元、134.52 亿元，同比分别增长 52.33%、76.63%、76.65%。2015 年以后，我国 LBS 市场规模增长率不会低于 50%，到 2018 年我国 LBS 市场规模将突破 1100 亿元。

2. 多媒体

多媒体，即多种媒体的综合。区别于一般的文本，多媒体更强调图片、音频、视频内容的优势。在 PC 互联网时代，尽管多媒体内容已经存在，但仍以图文为主。移动互联网时代到来以后，由于以智能手机为代表的移动智能终端，在图片、音频、视频等多媒体内容生产方面有着远超于 PC 的先天优势。因此，借助日益普及的移动智能终端，用户在移动互联网环境下，能够更方便地使用多媒体应用。随着用户习惯的逐渐固化成型，多媒体已经成为移动互联网应用的标配。

值得一提的是，智能手机并非唯一的移动智能终端。智能手表、智能眼镜、智能手环、智能衣服、智能皮带、智能跑鞋、智能皮肤、智能饰物、车载互联网设备……智能化的移动硬件越来越多，它们都是承载移动多媒体应用的优质智能终端。而越来越丰富的多媒体应用，正成为移动时代一道靓丽的风景线。在某些特定领域，多媒体应用甚至成为了开启一个时代的新标志。比如，视频协作、远程应急指挥、虚拟现实，等等。微信的两个爆炸性功能也基于多媒体：60 秒音频对话，朋友圈小视频分享。

3. 感观外延

随着数码制造技术的不断发展，当前的移动智能终端正变成一个强大的多功能集成终端。十年前，手机的唯一功能就是通话，但现在通话已经退化为基础功能了。强大的处理器、高速的网络链接、丰富的传感器——三大杀手级技术，正在把移动终端打造成人们感观器官的外延。通过这些移动智能终端，人们对外在世界感知的数据化程度越来越深、越来越精细。与此同时，这些终端也具备了更多和人相关的属性：位置、移动速度、活动区域、时间、轨迹、健康状态、当前情绪，等等。毫不夸张地说，移动时代的人已与终端浑然一体！

商业的本质就是通过不断优化的外部资源来解放人的体力与智力。移动智能终端在拓展人们感观的同时，也带来了巨大的新型市场机会。首先，智能终端本身就是一个千亿级的大市场。其次，围绕感官延伸后的种种新特性，企业可以为大众创造更加个性化的服务。比如，基于个人体质和运动习惯的健康管理。另外，移动智能终端可以提供 PC 时代无法企及的体验。比如基于“摇一摇”的各种增值服务，无所不在的交易网络，基于当前情绪的歌单推荐，等等。华为消费者业务 CEO 余承东对“人机合一”所创造的新市场机会期待满满。他认为，移动智能终端将成为等同于衣服的必备物品，并快速取代 PC，成为人们获取信息与互动的第一入口。这将在很大程度上决定下一个十年商业发展的大趋势。

4. 移动支付

所谓移动支付，就是基于移动终端的支付行为。即：大众消费者使用其移动终端（通常是智能手机）对所消费的商品或服务进行账务支付的一种服务方式。移动支付不仅拓展了电商的经营场景，更让大众消费变得无处不在。近两年，我国移动支付市场总规模大幅增加。据中国电子商务研究中心监测数据显示，2015 年上半年，中国第三方移动支付市场规模达 40261.1 亿元，环比增速达 24.8%。2015 年下半年该市场规模达 51763.8 亿元，环比增速将达 28.6%。

移动支付的快速普及，让基于移动端的创新应用有了生存基础，也让传统商业迎来一个新的转型机遇。不过，商业上的成功并不是移动支付的最大魅力，移动支付的最大魅力在于它实现了现实世界与虚拟空间的无缝连接，并使二者不断趋同。移动支付在商业上的成本是有边界的，而对世界的改变是无限的！

任何成功都不是偶然的！移动实现了很多 PC 无法实现的事，LBS、随时在线、无处不在的交易等前所未有新特性，让移动换发出了无穷的活力和魅力。移动能开启一个新时代，绝不是某一两家公司的“无心插柳”，而是其内在特性和外在形式共同作用的必然结果。

7.3　移动商业崛起带来的改变

移动技术的蓬勃发展，带动了移动商业的快速崛起。围绕各种移动场景，独具创造力的中国企业家们，在短短几年时间里，就让世界看到了一幅气势磅礴移动商业画卷。小到一家卖纽扣的移动网商，大到一个影响全民购物习惯的无线生态，无不彰显着中国经济的活力和潜力。诚如前文所说，下一个十年，移动将成为左右一个时代的力量，各个行业都将陆续释放移动带来的巨大商业潜力。而我们要做的，就是顺应潮流，提早布局，以最快的速度将自己置身移动经济洪流之中！

放眼当前的中国商业环境，移动无疑是最耀眼的潜力之星。近几年来，移动智能终端快速普及，不同层面的移动应用层出不穷，大众工作生活与移动互联网的连接日益紧密，移动慢慢成为这个时代不可或缺的基础元素。随着支付宝、微信、今日头条、滴滴打车等移动应用的快速崛起，移动商业的爆发力得到前所未有的关注，越来越多的移动产业生态开始进入大众媒体的聚光灯下。

移动阅读：改变了人们的思维习惯

数据显示，在所有移动用户中，每天使用移动阅读（非短信）的用户超 70%，日均移动阅读所用时间将近 30 分钟。床上、厕所、车上成为主要的阅读场地，每天的 9 时、12 时、20 时成为一天中 3 个阅读高峰，睡前则是最高峰。从年龄结构来看，“70 后”的占比在不断提升，“80 后”、“90 后”新兴潜力用户整体呈现扩大趋势。显然，移动阅读已成为当下人们日常工作生活中不可或缺的一环。

移动阅读的最大特征就是碎片化，任何零散时间都可能成为人们的黄金阅读时间。移动阅读带来的好处是显而易见的，人们无需坐在特定位置，也无需特定时间，就可以随时享受阅读的乐趣。不过，移动阅读的弊端也很明显，碎片化阅读给人们带来方便的同时，也改变了人们的阅读习惯。长期、大量的碎片化阅读，让人们变得很难专注。为了迎合大众习惯，鸿篇巨著越来越少，“短平快”的内容越来越多。有人认为，这种快餐式阅读让大众变得越来越肤浅。也有人认为，这是人类大脑信息处理模式的进化，效率更高。结论并不重要，我想强调的是：移动阅读正在改变人们的思维习惯是一个不争的事实。

移动社交：改变了人们的交往方式

社交是人类除基础生存需求之外的第二大原始需求。自古至今，无论是生活，还是工作，人们都离不开社交。中国互联网领域最具潜力的应用很多都建立在社交基础上，腾讯便是最好的例证。近年来，中国移动社交市场增长稳健。据易观智库监测数据显示，2014 年中国移动社交市场用户规模达到 6.3 亿，较 2013 年增长 12.3%，预计 2017 年达到 7.8 亿。

与传统的 PC 端社交相比，移动社交具有人机交互、实时场景等特点，能够让用户随时随地地创造并分享内容，让网络最大程度地服务于个人的现实生活，极大地消融了现实世界与真实世界的边界。在传统互联网社交时代，物理地域边界就已经被打破，“同地不同圈”趋势明显，到了移动社交时代，这种现状更为突出。最夸张的例子莫过于，大家在同一桌前吃饭，最关心的不是菜品好坏，也不是身边人的反应，而是手机朋友圈中的“赞”！在不知不觉中，大众已被移动网络裹挟，无所谓好坏，只是我们的社交方式，已然在移动大潮中快速改变！

移动支付：改变了人们的消费习惯

当今社会，你可以没房、没车，但不可以没有手机。诚如前文所说，智能手机已成为人们感官的一部分，随身携带，甚至连上厕所都不会放下。近年来，移动支付通过入驻智能手机得到快速普及，大众消费也因此变得无处不在。短短三五年光景，中国移动支付已是一个数万亿元规模的大市场。据易观智库发布的数据，2014 年我国移动支付规模超 7 万亿。2015 年第 2 季度中国移动支付市场的总体交易规模达 34746 亿元人民币，首次超过互联网支付交易规模。

移动支付使人们在购物过程中感受到了前所未有的便捷和乐趣。任何时间，任何地点，只要有网络，轻轻一点，你就可以购买自己心仪的商品，这不再是科幻大片中的虚构场景，而是我们每天都在经历的现实。移动支付的快速普及，改变了人们的消费习惯。随着移动购物渠道的不断丰富，越来越多的人放弃线下商店。这种变化不仅重塑了传统百货行业，还改变了整个大众消费的市场格局。毫不夸张地说，人们已经大跨步进入了一个全新的消费时代，这个时代，移动是当之无愧的主旋律。如果直到现在你还不会移动购物，那么你已然OUT了！

移动办公：改变了人们的工作模式

购物变得无处不在，办公也正在变得无处不在。早在上个世纪90年代，3A办公理念就已被美国商业界提出。所谓3A办公，即工作人员可在任何时间（Anytime）、任何地点（Anywhere）处理与业务相关的任何事情（Anything）。这种全新的办公模式，可以让办公人员摆脱时间和空间的束缚。单位信息可以随时随地通畅地进行交互流动，工作将更加轻松有效，整体运作更加协调。近两年，随着各种移动办公工具的不断涌现，3A办公在技术上已无障碍，越来越多的人正在走向更加开放、自由的办公环境。

不得不承认，移动办公开启了一个全新的工作模式。无论是政府，还是企业都可以摆脱物理场所限制，将分散在不同区域的人才集中起来，更专注地做好本职业务。但需要注意的是，移动办公的全面落地仅靠技术是不行的，思想观念上的转变更为重要。从中国大众对移动办公的接受程度来看，要想实现全面的移动办公，还有很长一段路要走。但即便如此，我国移动办公市场也已然是一个千亿级的大市场。

移动娱乐：改变了人们的休闲方式

大众娱乐是当前中国最具成长价值的商业市场。随着信息技术的快速发展，基于电子设备的娱乐模式逐渐成为人们最主要的休闲方式之一，在人口集中度高的大城市，这种趋势更为明显。而移动时代的到来，让原本就发展迅猛的网络休闲市场变得更加生机盎然。手机游戏、移动社交、手机短片等移动娱乐项目占据了现代人大量碎片时间，也催生了一个巨大的市场。仅手机游戏一项，年产值就高达450亿元，更不用说更为广阔的移动社交及其衍生市场了！

事实上，移动娱乐的覆盖范围非常广泛，它不局限于游戏、社交、阅读、视听等具体应用或APP。随着移动互联网与人们工作生活融合程度的不断加深，任何碎片时间，都可能变废为宝；任何应用，都可能成为人们休闲娱乐的载体。这种变化，不仅模糊了娱乐与工作的界限，还让人们在不知不觉中，改变了自己的休闲方式。现在，跑步的最大乐趣不再是运动本身，而是将“卡路里”、“时间”、“里程”等数据化的成绩晒到朋友圈！

移动交通：改变了人们的出行习惯

时势造英雄，移动互联网的高速发展给众多传统行业带来了全新的商业机会，交通就是其中之一。2013 年以来，以滴滴打车、Uber、神州专车为代表的一大批移动用车 APP 汹涌而来，大有颠覆传统用车行业之势。滴滴打车创始人程维在接受媒体采访时，就毫不犹豫地表示，“我们的愿景就是用十年时间，改变人们传统出行习惯。”几轮烧钱大战过后，普通大众深刻地理解了移动智能交通带来的便捷性与实用性，越来越多的人开始使用移动 APP 工具打车、租车。

不仅如此，各种智能交通 APP 工具也给自驾出行带来了巨大便利：更合理的路线规划、更及时的路况信息、更精准的周边服务推荐……无不让出行变得更加简单、高效。我们不再需要纸质地图，不管你去哪里，只需一部智能手机，一切轻松搞定。值得一提的是，随着大众接受程度的不断提高，移动智能出行应用的服务范围，正在从标品（如：打车、租车）向非标（如：P2P 拼车，商务代驾）一步步渗透。不难预见，不久的将来，智能交通工具将极其丰富，每个维度都有优质供应商，人们无需再为出行烦恼。而在各种移动交通软件工具驱动下，大众的传统出行习惯将被彻底改变。

移动金融：改变了人们的财富管理

2013 年 6 月余额宝的横空出世，抛起了一波前所未有的全民理财热潮。短短两年多的时间，余额宝的总规模发展到了 7000 亿元，成为仅次于“先锋主流货币基金”的全球第二大的货币基金。值得一提的是，从一开始余额宝就把重点放在了移动端。2013 年 7 月 1 日，支付宝 7.1 版本上线，内置了余额宝功能。两周之后，在手机上操作过余额宝的用户数占比就已经达到惊人的 57%！截止 2015 年 6 月底，余额宝用户数已增到 2.26 亿，几乎 100%用户都会使用移动端。

余额宝是一个催化剂，它的迅速崛起带动了整个移动金融市场的发展。余额宝出现以后，国内移动金融产品如雨后春笋般大量涌现。京东、搜狐、新浪、小米等互联网巨头纷纷加速布局，一时间移动金融广告满天飞。在巨大的宣传声量影响下，人们对移动理财的接受程度快速提高。国内独立第三方数据服务提供商 TalkingData 发布的《2014 移动互联网数据报告》显示，中国移动金融的用户规模仅用了一年时间，就从 2014 年年初的 4.2 亿增长至年末的 8.7 亿。这是一个跨越式的变化，不仅代表着移动金融时代的全面到来，也预示着人们的财富管理方式将进一步移动化。

移动医疗：改变了人们的就医模式

移动医疗也是最近两年非常火的词汇。自 20 世纪 60、70 年代开始，移动医疗就开始进入人们的视野。但受限于传统互联网在移动性、即时性、可靠性等方面缺陷，移动医疗在中国一直不温不火。进入移动互联网时代以后，借助移动智能终端随时随地、多媒体处理能力强、即时性好、携带便捷等方面的优势，移动医疗重新焕发了生机。当前，移动医疗已经在无线查房、移动护理、药品管理和分发、条码病人标识带应用、无线语音、网络呼叫、视频会议和视频监控等方面得到广泛应用，并且成效显著，大大提高了医疗机构的整体工作效率。在就医流程改造与升级方面，移动医疗的优势更为明显。越来越多的人开始使用移动 APP 工具办理就医流程，阿里、腾讯两大互联网巨头，也分别推出子自己的移动医疗产品，大众接受度与日俱增。可以说，移动医疗正在改变人们的就医习惯。

据艾瑞咨询的统计数据显示，2009 年中国在线医疗行业市场规模为 1.6 亿元，2014 年市场规模为 108.8 亿元，2015 年预计市场规模将超 170 亿元，市场规模呈指数增长态势，市场发展迅速。目前，国内移动医疗创业企业数量在 2000 家以上。不难预见，随着我国医疗改革的不断深入，“去中心化”趋势将越来越明显，在这种情况下，移动医疗将迎来更大的发展空间。未来，移动医疗将在引导病患合理就医，缓解就医难方面起到越来越不可替代的作用。总之一句话，移动医疗将改变人们的传统就医模式。

不得不承认，移动的威力非同小可，它带来的改变已经渗透到人们工作生活的方方面面。前文描述的场景仅是移动变革的冰山一角，移动商业所带来的改变远不止这些。随着移动商业影响力的不断增强，我们将看到更多维度、更深层次、更大范围的改变。这些变化，给我们带来的改变，不是浅尝辄止的试验，而是本质性的重塑。总之一句话：移动商业的崛起，不仅改变了商业环境，还改变了人们的生活。这既是移动商业的本质性特征，也是移动商业的最大价值所在！

7.4　指尖上的新格局

碎片化，无时不在，这两个词汇，在过去两年的中国TMT（科技、媒体、通信）市场，几乎成了所有从业者每天都会关注的最热门的热词。在这个新名词满天飞的时代里，如此热度的词，无疑代表着当下市场的头号焦点。的确，移动互联网带来了一场前所未有的大变局，无论是人们的消费习惯，还是外部商业环境，都在发生巨大、甚至颠覆性的变化。邓小平同志“科学技术是第一生产力”的口号，激发了中国商业的技术创新热情，最大限度地释放了国人的创造力，让中国商业从僵化的体制中得到解放。可以说，近30年来，中国市场所有大变局都与之息息相关，移动互联网浪潮亦不例外！

众所周知，用户习惯和技术发展共同决定市场走向，移动互联网带来的碎片化和无时不在，正是这两个维度演进的突出表现。碎片化使大众的阅读时间变得更加分散，也让移动设备成为最主要的阅读终端，而无时不在的网络成为支撑这一切的基础。碎片化和无时不在都是表象，它们带来的本质性变化是重塑人们的思维方式，进而改变大众的消费习惯。时间越久，影响越深，改变的人越多，影响范围越广。从前文所提到的各种统计数据中不难看出，移动带来的改变已经具有普适意义。应该说，这是一个“具有划时代意义”的变化，因为以此为基础，中国商业将建立起新的生态，演化出新的格局。

随着移动商业潜力的不断释放，越来越多的创业者开始将目光聚集到该领域。2010年年初，专注移动互联网领域的公司还不到百家，短短五年后的今天，该市场已聚集数万家创业创新公司。在移动医疗这个偏冷门的领域，2015年创业者总数题就已超过2000家。市场热度可见一斑！然而，每次行业大变革的成功演进，无不随伴着巨大幅度的洗牌浪潮，大量公司涌入，紧跟着就是大量公司被淘汰。电商、网络视频、团购……无不如此。不可否认，移动商业也正在经历类似的发展过程，只是当前还远远没有到定局的时候。但不管怎样，指尖上的新格局，正如一阵猛烈的春风，呼啸着向我们袭来。

事实上，我们早已经体会到了移动的力量，我们当下的工作、生活与移动互联网、智能手机已浑然一体。随着移动在各个领域应用的不断扩大，更深入的移动变革正慢慢向我们走近。移动带来的产业升级与转型，力度之大、范围之广，是以往其他任何技术都不可能达到的。可以说，移动给我们带来的改变深至骨髓，足以影响中国经济下一个十年的发展轨迹。如果非得用一些具象化的内容来描述这些大变化，我认为以下四点是最主要、最本质的变化。

1. 消费移动化

消费移动化是继淘宝、京东、天猫等电商网站之后，对传统消费业态的又一次颠覆。移动消费时代到来以后，人们可以随时、随地、随需购物，既不必到固定的线下实体店，也无需坐在电脑前，而只需拿起手机轻轻一点，就可以买到自己需要的产品。这是一个飞跃式变革，它带来的不仅是大众消费习惯的改变，更是对整个商业流程的重塑。未来，商家在设计自己的产品营销体系时，移动不再是补充环节，而是主要环节；在所有电子商业交易中，移动设备所带来的交易占比将不再是部分，而是全部！

2. 个性化服务成主流

以智能手机为代表的移动智能终端，具有超强的个人属性，上面能够承载几乎所有与个人消费相关的关键信息，包括消费水平、购物习惯、个性偏好、位置信息，等等。相比传统 PC，基于移动智能终端的个性化推荐能够做得更加精细、精准。随着大数据、社交网络、云计算等新兴技术和业态的不断成熟，具有超高定制特点的个性化服务越来越受商家重视。当然，大众消费者也从中得到了前所未有的便捷和实惠。尽管当前主流的个性化服务体验还有很大的提升空间，但一个影响未来十年商业发展的大趋势已然显现，那就是：在移动互联网上，个性化服务将成主流。

3. 线上线下融为一体

移动正在打破现实世界与虚拟世界之间的边界，让二者慢慢融为一体。比如，当前市场上热得不能再热的 O2O 和虚拟现实都是典型的案例。无论是 O2O，还是虚拟现实都有一个共同点，那就是让虚拟世界与现实世界无缝联接，让现实世界拥有虚拟世界的巅峰体验。在传统互联网时代，尽管网络已经非常发达，但它们仍然是与现实世界隔离的。移动时代全面到来以后，这种隔离状态被无所不在的移动终端打破，现实世界与虚拟世界的体验无限接近。未来，随着技术的不断进步，人们将具备在现实与虚幻中快速切换的能力。而线上线下相融合所带来的将是一个颠覆当前所有商业逻辑的巨大市场。

4. 全联接 全智能

移动网络技术的快速发展和移动智能终端的普及推动了物联网时代的快速到来。所谓物联网，即物物相连的网络。物联网被认为是下一代互联网的核心组成部分和大方向。不过，在笔者看来，物联网不能完全体现未来网络世界的特性，因为物物相连只是手段，终极目标是与人相连。即，通过移动智能终端，人们可以随时随地，与任何带有网络模式的设备进行交互。这种状态叫做：全联接。

全联接将带来人与人、物与物、人与物之间的全面互通，也将带动智能产业的快速发展。我们已经清晰地看到了一个趋势，那就是越来越多的硬件设备开始融入智能模块。智能家电、智能可穿戴设备、智能家居、智能汽车……已出现的智能设备或概念不胜枚举。尽管当前的智能设备还不够聪明，但随着硬件智能化技术的不断落地，原来冷冰冰的设备，将逐渐变得智能化、人性化，甚至具备自我学习的能力。《超能陆战队》中的大白将不再是科幻大片中的虚拟角色，而是人们日常生活中的标配之一。业界将这种状态叫做：全智能！

全联接、全智能将开启一个全新的网络时代，传统互联网的概念将在持续延伸与扩展的过程中，不断被颠覆和重新定义。在这种情况下，无论是人们的生活、工作习惯，还是商业法则都将被重塑。从目前的技术发展速度来看，这一切已经是一个可以看得见的未来，全联接、全智能时代离我们并不遥远！

7.5 决胜移动端

通过上面的介绍，我们已经清晰地看到移动优先的重大意义——它既是当下最热门的变革标签，也是决定下一个十年的商业生态的核心元素之一。对于新媒体营销来说，在未来的商业环境中，无论操作技法如何变化，根本的指导思想都不会离开“移动”这个大的时代背景。所以，作为一个新媒体营销人，从现在开始，一定要深刻理解移动浪潮带来的巨大意义！

在这场声势浩大的移动变革中，移动消费者正快速成为各大商业势力争夺的核心资源。谁能占据他们手上的移动终端，谁就能在下一轮市场竞争中赢得先机。不仅 BAT 这些互联网巨头已经开始全面、深入、彻底的移动化转型，就连海尔、联想、IBM、戴尔、HP，甚至高通、英特尔等传统 IT 厂商都异口同声地喊出了一个新的口号：决胜移动端。

随着移动商业生态的渐行渐近，越来越多的新媒体营销人员开始涌入移动营销大潮。其中的一些先行者，已经从移动营销中获得丰厚收益。我们已经模糊地看到，企业营销人员通过各种手段，对消费者移动购物施加影响力能够带来的巨大商业价值。事实上，在移动购物越来越普及的当下，如何在移动购物过程中影响消费者行为，已经成为所有企业公关部及专职新媒体营销机构共同关注的热点话题。在新媒体营销界也逐渐形成了同样的共识，那就是：决胜移动端！

从新媒体营销角度来看，决胜移动端的核心是创造移动影响力，或者说在移动端对消费者行为施加影响力。当前，移动端带来的商业变革尚处早期阶段，无论是企业，营销人员，还是消费者对未来都没有清晰的概念。所以，移动带来的变化，其想象空间和挑战都是巨大的。那么，作为一名新媒体营销人，如何才能做到决胜移动端呢？我的建议如下。

1. 将主阵地放在移动端

智能手机+移动支付正在改变人们的消费习惯。一个不争的事实是，移动消费正在超过 PC，成为网络购物的主旋律。另外，消费者获取信息的渠道也在向移动端迁移。移动广告、移动新闻、移动应用等移动信息对消费者购买决策的影响力正在快速加强。总之一句话：我们的客户正在走向移动端。所以，新媒体营销的主阵地要放在移动端。也就是说，企业新媒体营销策略的制定，要围绕移动端展开，把提升移动端影响力作为第一要务。当然，PC 及其他渠道也不能完全放弃，新媒体营销强调组合拳，只有各种渠道形成合力，才能达到最佳营销效果。

2. 利用好移动端技术和工具

诚如前文所说，移动互联网并不是传统互联网向移动端的简单复制，而是一个全新的生态。移动端干了很多 PC 端干不了的事。比如：LBS、摇一摇、多媒体能力、精准推荐、随时随地支付等等。因此，做好移动新媒体营销，利用好这些新技术异常关键。善用这些新技术，可以大大改善移动营销的爆发力和精准度，也可以提高新媒体营销的传播效率。更重要的是，这些技术可以重塑新媒体营销的用户体验。比如，你到了一个陌生地，想找一个餐馆，打开手机地图查看“附近美食”，这时弹出几家当地特色餐厅推荐广告，你不仅不会产生厌烦，还会很兴奋！你可能不知道，这几家餐厅是分析了你的位置信息、饮食习惯、最近行程、下一站去向等多种个性化信息之后才推荐出来的。这就是移动营销技术的魅力。当然，技术只是工具，关键还是一整套营销策略的定制。

3. 用适合移动端的内容

用户从移动端获取信息的特点非常鲜明，主要表现为：碎片化、浅阅读、信息分散、内容不宜过长、泛娱乐化明显等等。所以，凡是传播效果好的内容都是符合移动阅读特点的内容。因此，新媒体营销所用到的内容，也要与 PC 端内容有所区别。除了适合移动阅读特点，移动营销内容还要更加生动有趣，或有干货，不能是简单的企业宣传软文。“内容即广告，广告即内容”是移动互联网时代的一大特点，移动端内容创作过程中，广告会直接融入其中。对于读者来说，内容与广告不再有清晰的界限，只要感兴趣，植入式广告也是好内容的一部分。随着用户获取内容习惯的改变，内容营销的重要性不断提高。做好适合移动端的内容，新媒体营销就成功了一半！

4. 与移动新媒体打好关系

在上一节中已经提到，新媒体营销的核心是公关，不是广告。既然是公关，自然离不开媒体。当前，移动新媒体的影响力正大快速增加，与这些新媒体打好关系有利于营销工作的顺利开展。在传统营销体系中，电视、报纸、门户等老牌媒体是核心维护对象，而新媒体是边缘角色。但近两年，随着传统媒体市场影响力的加速下滑，移动新媒体快速崛起，新媒体营销人员媒体关系的重心也慢慢向新媒体、自媒体倾斜。当下的新媒体营销圈流行着一个“不说破”的行事法则：Mobile First，移动优先！这意味着，与移动新媒体打好关系已成为新营销体系中的必要环节。别问为什么，做起来就是了！

5. 别放弃移动广告

前文花了很大篇幅在说广告的没落，但这并不意味着广告已经一无是处。新媒体营销强调组合拳，广告仍然有着无法取代的独特优势。所以，我想强调的是，在做移动营销时，移动广告万万不能忽略。无论是媒体直投，还是通过第三方智能推荐平台自动匹配，移动广告都是一个必不可少的传播手段。另外，随着各种移动应用的快速崛起，一个又一个以某些特定兴趣为主的小圈子如雨后春笋般涌现。这些小圈子人群定位非常精准，传播价值巨大，但传统媒体的辐射半径无法触及，在这种情况下，通过定点投放移动广告，可以起到以小博大的效果。总之，移动广告仍然有它的独特价值，作为一名合格的新媒体营销人员，要善于运用这些价值。

最后再强调一遍：

Mobile First，移动优先！

第 8 章　用好视频

8.1 视频大爆炸

随着网络带宽的不断增加和互联网视频内容的不断丰富，视频已成为当前大众信息消费中最重要的内容形态之一。统计数据显示，目前互联网中 70%的流量由网络视频构成，未来三年有可能超过 90%。截至 2015 年 12 月，中国网络视频用户规模达 5.04 亿人。

另外，在企业办公协作领域，视频的应用也越来越多。视频会议系统几乎成了现代企业的标配，2003 年的 SARS 事件之后，中国视频会议市场以年均 20%的增长率快速发展。截止 2014 年底，该市场总规模将近 100 亿元人民币。从这些市场数据不难看出，无论是个人信息消费，还是企业办公应用，视频都已经成为了主流的信息交互形式。

视频内容的不断丰富以及相关生态的持续完善，给新媒体营销带来了新的市场机会。从 2008 年开始，视频内容的广告价值日渐凸显，越来越多的营销人员把视频作为最重要的宣传载体。受此影响，视频广告市场猛增，2014 年在线视频广告市场的总规模就超过了 200 亿元人民币。更重要的是，近几年，网络视频广告市场增速非常稳定，不出意外，预计到 2018 年，在线视频广告市场的总规模将突破 1000 亿元！

更值得一提的是，随着大众视频观看习惯的逐渐形成，以视频为核心的营销传播手段快速丰富，市场上涌现出了一大批借视频营销快速走红的成功案例。大家熟知的小咖秀、美拍就是其中的典型代表。不知不觉中，我们已经大跨步走进了视频时代。

当前，电视已经不再是视频内容的唯一载体，甚至不再是最重要的载体。随着互联网，尤其是移动互联网的快速发展，网络视频的爆发力逐渐显现。在大众口味越来越多元化的当下，网红的影响力已不输影视明星。因此，从新媒体营销与市场传播角度看，网络视频是比电视节目更加高效、低成本、易操作的视频内容形式。

几年前，网络视频的制作水平相对较低，但近两年在各大视频网站的大力推动与扶持下，网络视频内容质量有了很大的提升。内容来源的主力也由普通网友上传（UGC）转变为专业团队制作（PGC）。所以，在网络视频平台上，用户已经可以看到与传统电视质量相当的优质视频内容。在这种情况下，网络视频推广优势变得越来越明显。

网络视频传播内容的质量不低于电视视频短片，而平台却在互联网上。“视频”与“互联网”的结合，让这类视频的营销具备了两者的优点。

近两年来，随着互联网视频用户数量的快速增长，视频营销的威力也日渐显现。加多宝凭借超强的视频品牌符号，在大众消费者心目中留下了不可抹杀的印记，就算官司一直输，最后商标和包装都没了，但它的品牌形象也不会从大众心中消失。加多宝能做到这一点，电视、网络全覆盖的大力度视频营销功不可没。不止是加多宝，众多案例已经表明，营销的视频时代已经到来，所有营销人员都要深刻理解视频所带来的改变！

事实上，视频营销已经在中国市场得到了广泛应用，各种新花样儿、新手段层出不穷。2015 年是视频营销高速发展的一年，随着大众消费者对视频内容接受、喜爱程度的不断提高，视频营销已上升到了一个全新的高度。就连比尔·盖茨都预言，未来五年内网络视频的影响力将超过传统电视。这意味着，从营销角度考虑，网络视频营销将取代电视广告成为新媒体营销中的主导旋律之一。

没错，视频大爆炸时代已经到来，你我都已身在其中！

8.2　三大视频营销类型

随着运营商基础网络性能的不断提升，视频正慢慢成为一种不断增长的内容消费形式，巨大的用户基数为视频营销创造了良好的基础与机会。如何发挥视频内容优势，把握视频营销趋势已成为当前所有新媒体营销人员共同关注与研究的热点话题。在各方力量的共同推动下，视频营销正快速走向前台，成为营销界的新焦点。

视频营销是一个非常宽泛的概念，一切与视频相关的营销手法都可以称为视频营销。众所周知，当前网络上的视频内容五花八门，受众群更是多种多样。因此，视频营销没有固定的模板，要想用好视频，必须根据自身的实际情况和目标市场特征，定制特定传播时间和场景下的最佳营销方案。没有捷径，也没有固定的法则！

看过金庸武侠的朋友都知道，越是高深的武功，在招式上越没有固定的章法。以此套之，越是好的视频营销方案，越没有固定的招式。对于新媒体营销人员来说，视频营销这种独特的市场属性，既是挑战，也是机遇。因为，没有常法，才更容易出奇制胜！

不过，没有模板，并不是没有规律。随着商家对视频营销价值认可度的不断提高，越来越多的专业营销机构开始将注意力向视频上倾斜。从当前市场中已出现的案例来看，视频营销根据内容的表现形式，可分为以下三大类型。

1. 植入型

顾名思义，“植入型”就是把产品或所要宣传的内容平滑地、无缝地融入视频内容中。让大众在欣赏视频内容的同时，无意识地接受商家精心设计的独特品牌视听符号。

植入式营销的最大特色是在“润物细无声”，它通过一系列场景化渲染，让观众在不知不小觉中受到品牌影响，让宣传在潜移默化中完成。由于受众对传统硬广告的习惯性忽略越来越强，植入式这种寓“宣传”于“内容”的新型传播形式得到了业界广泛认可，实际效果也比硬广告好得多。

事实上，植入式广告的好处是显而易见的，大众不仅对这种形式的接受程度非常高，很大一部分人还非常乐于去寻找视频中的“奥秘”。这种具有普遍意义的大众心理，给植入式营销留下了巨大的想象空间。我们来看下面这个小案例。

春节前，我们极客网举办了十余场自媒体主题的小型沙龙，每次沙龙我们都会拍些现场视频和分享一些照片到极客网粉丝群。下面这张图被分享得最多，评论也最多。本以为最吸引大家眼球的一定是前排这位长相酷似演艺明星白百合的美女，但事实上关注度最高的却是左上角这个“哈尔宾红肠”外卖！没错，我们被认为有意做“植入”了！……

的确，这家店和极客网有点关系，但并没有大家想象得那么近，只不过是朋友介绍成了老主顾，由于位置好订，所以我们经常在这里聚会，仅此而已。但由于这张图的转发量比较大，习惯了被广告包围的人们，看到这张图立即认定为“推手作品”、“植入式广告”。不过，可以看出，大部分人在评论这张图时带有娱乐色彩，也没有抵触心理。可见，植入式营销已深入人心，植入式广告比硬广更容易被大众接受。

值得一提的是，尽管植入式视频营销具有独特的传播优势，但它也有着自己特定的适用场景。首先，承载植入式视频营销的最佳载体是影视剧，其他视频内容效果并不是很好。植入式视频营销只适合已经拥有一定知名度的大品牌，新品牌植入往往会由于大众无法识别而失效。还有，植入式视频营销只能帮助商家增加知名度，无法带来美誉度。因此，在需要对消费者进行深度说服的营销场景中，植入式视频营销并不适用。

可见，植入式视频营销也有一定的局限性。不过，任何营销模式都不是万能的，植入式视频营销凭借它的独特优势已经在市场上扎根，应用范围十分广阔。植入式视频营销也将成为新媒体营销人员入行的必修课。

2. 访谈型

“访谈型”比“植入型”更好理解，通过媒体访谈做营销就是我们所说的访谈型视频营销。访谈型视频营销有两大好处：

（1）借媒体说出自己的品牌，更有公信力；

（2）借媒体渠道推广自己的品牌，更有影响力。

众所周知，访谈是指媒体记者就某些有针对性的问题，与相关人物以问答形式展开的一种面对面沟通。在媒体运营过程中，访谈是记者获取独家新闻素材的重要手段，几乎所有媒体都会有访谈类栏目。这就给基于访谈的视频营销留下了巨大的想象空间。随着营销人员介入访谈能力的不断提高，目前市场上大部分访谈都会或多或少地渗入营销元素。尤其是在行业媒体中，完全纯净的新闻访谈已经很少了。

事实上，商家主导的访谈正在变得越来越多。比如，某大片上映前，某产品发布前，某活动召开前，你都会看到相关负责人接受种种采访，而这些访谈往往都是商家主动策划的。通过访谈，商家可以借媒体之口将自己想要传播的信息告诉消费者，成本低、效果好、速度快。因此，媒体访谈已经成为营销人员预热、宣传自己产品与服务的最佳传播出口之一。

2016 年 1 月，极客网对外发布了新一年的视频访谈计划：寻找 100 位具有极客精神的创业者。消息发出后短短一周时间，我们就收到了 200 余家公司的预约。之所以这么快，是因为寻找媒体访谈报道的机会，已经成为当前大部分企业市场部的例行工作之一了。

访谈型视频营销的适用范围非常广泛，它既适合娱乐性较强的影视内容推广，也适合大众消费品的上市预热，还适合专业性较强的技术及相关产品的传播普及。因此，无论是在 B2B 市场，还是在 B2C 市场，访谈型视频营销都非常普遍。

不过，根据所推广产品的特性不同，实际传播效果也会有所差异。总的趋势是：娱乐性较强的大众消费品，通过这种方式做传播效果更好。在企业级市场，这种模式不具备迅速引发大规模影响的爆发力。但不管怎样，一个不争的事实是：

访谈型视频营销已成为视频营销中最常见的表现形式，所有营销人员都应学会如何用好它！

3. 自制型

自制型，即根据企业传播需要，公司自己制作相关视频内容，将所要传播的品牌信息融入视频，再通过一系列推广手段，在社交网络中引发网友关注并转发的一种视频营销形式。

无论购买影视植入，还是寻求媒体访谈，企业都需要一定资源和成本，并不是所有企业都能实现的，但自制却是任何企业都可以玩的。并且，只要策划得好，花很少的成本就可以达成很好的效果。比如，2015 年 12 月，网络上疯传的小咖秀视频，制作成本几乎为零，但成千上万人的转发，快速打响了小咖秀的品牌知名度。

自制型视频营销有多种表现形式，搞笑、娱乐、鸡汤、热点事件……都是很好的切入点。无论这些视频内容的切入点是什么，最终的核心只有一个，那就是引发更多的人转发。只有引发网友大量转发，自制型视频营销才能实现传播目标。也就是说，没有转发，一切都是假的！

所以，自制型视频传播的核心是内容。只有内容策划得好，才能起到四两拨千斤的效果。自制式视频营销，从本质上看其实就是视频版的病毒营销。即：通过优质内容吸引人关注并转发，让“大家告诉大家这产品很赞”！

除了内容，渠道也是影响自制型视频营销成功的关键性因素之一。渠道有两个维度，一是播放平台，二是传播渠道。

播放平台通常是知名的视频网站，如优酷、爱奇艺、腾讯视频等等。每家平台都有自己的特色，内容推荐机制也不一样。将内容放到最适合的平台，往往会起到事半功倍的效果。如能获得平台推荐，更是一件锦上添花的事情。另外，在选择播放平台时，也可以动用一些技巧，如联合官方做独家首发，与平台做资源置换，等等。

传播渠道通常是指适合视频传播的网络媒体，有网页端的，也有移动端的。现在网媒的一个大趋势是响应式设计，即：网页、移动一体化，一个链接不同终端自动适配。所以，我们在考虑传播渠道时更多的是选择用谁去传播，而不是在哪个终端去传播。当前比较主流的自制视频营销传播渠道包括微博、微信朋友圈、社交网站、贴吧、BBS 等等。传播的目的是影响力最大化，所以全渠道覆盖是当前视频营销中最常用的策略。

在强调自媒体和自传播的当下，自制型视频营销已成为所有企业自我传播的重要工具之一。

8.3　视频营销新趋势

一提到视频营销，大家首先想到的一定是各种网络广告。但事实上，传统网络视频广告，早已不是视频营销的核心。因为，习惯性忽略让网络视频广告效果大打折扣，越来越多的企业开始放弃硬邦邦的网络视频广告，而将更多注意力放在了更具爆发力的新型视频营销方法上。其中，网络短剧和小视频是当下最火的视频营销形式。

网络短剧是一种专门针对互联网平台制作的视频内容。它的最大特色就是短小精悍，适合网络播放与传播。与传统电视剧一样，网络短剧一般分为单元剧和连续剧。只是它的主要传播媒介是网络，而不是传统电视。另外，随着移动互联网的高速发展，网络短剧也表现出了更多的移动化属性，一部分短剧的内容甚至专门为移动端设计。总的趋势是，网络短剧可以实现跨终端传播，是当前多屏营销最佳载体之一。

相比电视节目，网络短剧的内容尺度限制较小，创作空间大。因此，营销素材可能更方便地与内容融合，表现形式不拘一格。所以，在过去很长一段时间里，网络短剧的品牌植入和专属内容定制是视频营销的首选形式。另外，由于网络短剧内容形式多样、灵活，它不仅可以满足不同群体口味，还能激活更多消费者的隐性需求，延伸商家品牌价值。因此，网络短剧在做精准人群的定点推广时，往往能发挥不错的效果。在网络视频越来越流行的当下，网络短剧无疑是品牌与消费建立联接的营销利器。

另外，适合网络短剧的平台也非常多，知名的平台就有优酷、土豆、爱奇艺、腾讯视频、乐视视频、搜狐视频、56网、PPTV等10余家之多。借助这些平台，网络短剧可以进行几乎零成本的互联网传播。对于广告主来说，这种全新的视频营销形式比传统视频广告效率要高很多，因此，借助网络短剧做品牌传播，这种融合广告与公关的新形式已经成为当前视频营销的主流趋势之一。不难预见，未来几年，网络短剧的营销价值将进一步被挖掘，更多创新玩法也将出现。

不过，人们总是“喜新厌旧”，网络短剧虽好，看久了也就没有新鲜感了。于是，在移动端，又出现了一个新的视频营销利器：小视频。

所谓小视频，也称短视频、微视频，通常是指用移动设备拍摄的短视频，具有较强的直播属性，能够方便地在社交媒体上传播。2015年之前，网络短剧比较火，2015年以后，小视频比较火，而且直到现在还没有过气的迹象。当前比较流行的小视频工具有微信小视频、腾讯微视、美拍、小咖秀等。2015年，出现了一波又一波的小视频营销热潮，比较典型的有

lu.com 的视频营销、小咖秀明星“刷脸”等等。

小视频营销的最妙之处在于，它拥有天然的社会化传播属性，内容策划得当可以迅速爆红网络，达到“刷屏级”传播效果。当前，企业品牌传播，已经不单单是刷存在感，赢得目标群体的认同和共鸣更加重要。在 80 后、90 后年轻人群体中，消费已经不再是简单的购买行为，整个过程的体验更为重要。在所有促进消费的指标中，个性、新鲜、刺激、快速四个最为关键，而这些元素都能通过小视频承载和传递，因此在年轻人消费人群中，小视频的传播杀伤力更大。

前不久，逻辑思维和 Papi 酱合作一事着实火了一把，Papi 酱广告费一度炒到了 1000 万。就连已是互联网巨头的阿里，也把“成为 Pipi 酱广告拍卖平台”视为一件很有面子的事，还撰写软文大肆宣传！而把 Papi 酱推上“2016 第一网红”巅峰宝座的，正是小视频这种全新的内容传播形式。不难预见，未来几年小视频将成为视频营销中最主流的表现形式之一！

8.4　核心的核心

视频营销的核心是创意，创意的核心是内容！任何时候都要记住，视频营销也是内容为王，没有爆点的视频，无异于三流广告，不仅不会带来传播效果，甚至还会给品牌造成伤害。所以，网络短剧也好，小视频也罢，无论哪种形式，视频营销核心的核心仍是内容本身。

好的内容说来简单，但做起来难。现实的情况是，内容策划案漂亮的很多，但接地气的很少；视频脚本抓眼球的很多，但广泛传播的很少；创意点子让人眼前一亮的很多，但有实际效果的却很少。总之视频营销中最常见的弊病就是：内容不接地气、自传播性较差、没有效果！

事实上，意识到内容重要性的企业很多，但他们还是会在具体的落地执行上遇到问题。最根本的原因在于，视频营销并无固定的章法可循，所有创意都需要具体情况具体分析。尽管如此，我们还是可以总结一些规律，帮助新媒体营销人员厘清思路。个人认为，好的视频营销内容有以下几个特点。

1. 产品特性与传播点完美融合

很多事件营销把精力都花在了创意与传播上，结果忘了与自身产品的结合。结果，所传播的事件众人皆知，但它想宣传的产品大家却不知道是什么。这样的案例比比皆是，问题的核心就是没有把传播点与产品完美融合。

造成这种问题的原因有很多，但最重要的就是对产品理解不够。企业在做视频营销策划时，往往喜欢找第三方创意机构，然而这些机构对创意很在行，但对目标产品的理解就不尽如人意了，尤其是专业性很强产品。越来越多的企业开始自建创意团队的原因也在于此。所以，视频营销内容策划的第一原则就是：把产品特性与传播点完美融合。

2. 引发广泛共鸣，激活大众情绪

很多视频营销内容把心思都花在了特技上，各种炫、各种酷，然而围观的却很少。就好比某些国产 3D 影视大片，技术画面毫不输好莱坞大片，但票房收入却异常惨淡，核心原因在于情节差、无内涵，根本无法引发观者共鸣，更不用说激起大众的集体情绪了。

所有好的视频内容，都是能引发广泛共鸣，进而激活大众某方面情绪的内容。做视频营销内容策划，也要非常重视这方面元素的策划。比如，2016 春节期间，根据齐天大圣“六小龄童”真实故事改编的百事可乐猴年广告被疯传，“苦练七十二变，笑对八十一难”的经典广告词更是让众多国人流下了感动的泪水。看广告看哭真不多见，百事可乐广告的成功正是抓住了大众情绪的高点。所以，视频营销内容策划的另一大原则就是：引发广泛共鸣，激活大众情绪。

3. 专业性与娱乐性兼具

有些视频营销内容专业性非常好，但仅能在固定的小圈子里传播，影响力非常有限。另一部分视频营销内容，能够快速在社交网络中引爆传播，但产品的专业性却无法体现。这两种内容都不是成功的视频营销内容，好的视频营销内容应是专业性和娱乐性兼具。

事实上，专业性与娱乐性是一个说易做难的平衡，也是一个不得不做的平衡。只有专业性，没有娱乐性就很难传播；相反，只有娱乐性，没有专业性产品价值很难体现。不过，一旦营销人员找到了这个平衡，视频的传播效果就会大幅提升。比如，法国航空把乘机安全提示视频做得很有艺术性，整个片子就像一个编排精妙、表演优美的舞蹈表演。更重要的是，所有的安全知识点都在这种愉快的表演中传递给了乘客。这个片子成为了很多企业管理培训课件中的案例，在社交网络上也收获了远高于同类视频内容的点击量。

法国航空安全演示视频截图

总之，视频营销核心的核心仍是内容本身，企业营销人员在做视频营销策划时，也要在内容上多下功夫！

第 9 章　口碑大于一切

9.1 可乐市场双寡头的故事

百事可乐和可口可乐几乎垄断了全球可乐市场，在过去的数十年中，尽管有一些饮料企业尝试进入这一市场，但最终无不黯然离场，可乐市场双寡头格局始终无人能打破。之所以如此，是因为这两家公司的品牌非常强，牢牢地把持住了用户的良好口碑。也正是如此，才有了那个经典的MBA教学素材：

“如果可口可乐在世界各地的厂房被一把大火烧光，只要可口可乐的品牌还在，一夜之间它会让所有的厂房在废墟上拔地而起。因为，第二天全世界各大媒体的头版头条一定是银行争相给可口可乐贷款。数以亿计的大众用户还会照旧喝可口可乐”。

关于品牌影响力和用户口碑的威力，还有另外一个故事：有家饮料企业做了一个有趣的市场调查，结果非常耐人寻味。他们把自己的可乐装到百事可乐瓶子，然后与自己的可乐放在一起。然后在路边随机抽取参与者试喝，并承诺喝出其中差别的有大奖。结果大部分都说“百事可乐”好喝一点。当调者被告知是同样的可乐时，他们的第一反应是：假的！更有甚者，说起风凉话：玩不起就不要玩嘛，还假惺惺地说送什么大奖。还有一些人的回复更是直接：我不管你们怎么调查，我就是只喝百事！

以上两个故事都说明，在现代的市场营销中，品牌塑造是核心，而要想做出好的品牌，那么用户口碑大于一切。

一个产品好不好，从某种程度上看，决定因素并不是产品本身，而是用户心里如何定位它。用户说它好，它就是好，用户说它不好，它就是不好。这样说好像有点唯心，但在当下的市场运营中，这却是铁律。从用户感知角度来看，产品其实不是产品，而是映射在自己头脑中的一个虚拟的像。这个像的好与坏，并不取决于那个物理的、客观存在物品，而是用户潜意识如何描绘那个像。

进入互联网时代以后，产品的虚拟属性越来越强，用户消费行为也呈现出了更加复杂、多元的表现形式。传统经济学中的供需原理已经不能解释当前复杂的商业生态。大到房子、汽车、家电，小到玩具、饮料、鞋子，都出现了越来越多的“非理性”消费现象。核心原因，并不是产品本身变了，而是用户在消费这些产品时，价值评判标准不再是单一的物理属性，而是融入了更多的心理属性。信息技术越发达，这种现象越明显。

另外，当前影响用户购买决策的最主要原因，也不再是价格，而是评论。好评率越高，出货量就越大；好评率越低，出货量就越差。信息技术的高度发达，让用户间的交流变得异常简单，无论是正面评价，还是负面评价，都很容易在潜在用户群体中快速传播。这也是为什么最近几年市场上销量惊人的爆品越来越多，而大部分平庸产品却无人问津。

口碑营销时代到来以后，影响品牌美誉度的最主要因素，不再是传统媒体（电视、报刊、广播等）中的广告覆盖率，而是在社交网络中极易传播的用户评论。过去几年，传统媒体广告的效果快速下滑，疯狂砸广告就能塑造品牌的时代一去不返。与此同时，用户口碑的力量逐渐显现，通过用户好口碑快速走红的企业快速增加。其中，小米就是一个典型案例，短短三五年时间其估值就狂飙到了450亿美元，好口碑的威力，可见一斑！

事实上，随着越来越多品牌发力口碑营销，并取得显著成效，我们强烈地感受到：口碑营销时代已经大跨步向我们走来！

9.2 互联网思维的三大核心

要想充分理解口碑营销的威力，我们需要知道推动它成为主旋律的内在逻辑。近10年来，互联网重塑了媒体生态，也重塑了新媒体营销生态。口碑营销也与互联网思维息息相关。那么，什么是互联网思维，互联网思维中的哪些原则，推动了口碑营销时代的快速到来？笔者认为要理解这几个问题，需要从五个核心点入手。

核心一：开放、平等、协作、分享

开放、平等、协作、分享，被称为互联网精神的核心，也被认为是互联网思维下的核心游戏规则。互联网时代，一个公司有多强、能做多大，不是看你占有多少资源，而是看你能提供多少资源给伙伴。同样，一个产品能够得到多大认可，不是看你打了多少广告，而是看你能激活多少用户主动分享、推荐你的产品。互联网思维下，好口碑成为产品畅销的基础条件。

核心二：去中心化

去中心化是互联网发展过程中形成的社会化关系形态和信息生产形态。随着网络服务形态的多元化，去中心化网络模型越来越清晰，影响力也越来越大。互联网上，信息不再有中心，影响力最大的信息也不再是由某一机构集中统一发布。任何一个节点都可能成中心，当这个事件退潮之后，该节点又迅速成为普通的一个节点。这种去中心化的信息生态，极大地限制了权威媒体的影响力边界，同时极大地放大了一个个普通人的影响力。在这样的信息生态中，影响产品品牌和美誉度的关键内容，不再单一的来自媒体，而是来自众多的普通大众。也就是说，互联网的快速发展使大众口碑的力量被史无前例地放大。

核心三：分布式计算，由下而上

分布式计算的核心是将一个大的问题分成若干个小问题，然后由不同计算节点同时计算各种的部分，进而提高整个系统的效率。由下而上反映问题，解决问题的最大好处是快、准确和全面。这种原理同样适用于产品评价。当前，用户搜索产品信息时，更愿意相信其他用户的评论，而不是某一媒体或研究机构的报告。不可否认的是，互联网时代，用户在做购买决策时，用户评论和好评率已成为必要参考因素。这种由下而上的信息分享机制，必然让口碑营销成为主流。

核心四：不相信权威

互联网不相信权威！细心的人不难发现，在中国网络舆论中有一个怪现象：越是“专家”说的结论，大众越是质疑；越是权威发布的消息，大众越是不相信。这些质疑，有的有理有据，但大部分似乎都有些无厘头。这种现象的背后一定有着非常复杂的原因，我们在这里无需深究，只需明白这是互联网时代一个基本事实。在这样的大背景下，依靠媒体广告塑造品牌不再是最佳路径，引导用户口碑才是关键。

核心五：UGC 是主流

在传统媒体生态中，影响力最大的资讯一定来自权威媒体，但在互联网生态中，体量庞大的 UGC 内容极大地稀释了权威媒体的内容和影响力。而社交网络的快速崛起，又进一步放大了 UGC 内容的产出体量，久而久之 UGC 内容成为互联网中的主流。在某些特定的圈子（比如网络购物），UGC 内容对用户购买决策的影响要远远大于媒体机构。这里面有两层面的原因，一是媒体机构离市场比较远，更关注未来的、非常态的、有新闻点的、刺激性强的内容，往往会给人一种高高在上，不接地气的感觉。二是 UGC 内容非常实用，短而精，通过当下流行的智能匹配，消费者很容易找到自己需要的内容。因此，大众影响大众成为现实，口碑传播也成大势所趋。

总之一句话，互联网时代，口碑大于一切！

9.3 口碑营销三大误区

随着互联网思维的火爆，相关解读五花八门。过去几年，在市场各方势力和各大媒体的炒作下，互联网思维在某种程度上被“神化”了，其中有很多解读并不是非常正确。在笔者看来，对互联网思维理解的偏差，让业界对口碑营销的认识出现了以下三大误区。

误区一：必须大规模使用互联网工具

业内一个比较主流的观点认为：互联网思维，就是因为互联网工具大规模使用，使人们在生活、工作、娱乐、购物等各个领域的习惯发生变化，进而对传统的业态模式造成了“颠覆性革命”。

个人认为，“颠覆性革命”只是结果。为什么用了互联网工具，就出现了颠覆性革命？为什么其他工具没有这个效果？因为，工具本身不是互联网思维，而互联网工具背后的逻辑才是核心和关键。互联网思维不是技法，而是心法。与其说互联网思维，不如说互联网思想。即，在这个思想下去做事！

口碑营销的核心也是用互联网思维去做传播，而不是盲目地崇拜互联网工具！

误区二：必须有网站

业内另一个观点认为：互联网思维的颠覆性革命，本质上就是线上对线下的冲击。是虚拟对实体的冲击。所以，用互联网思维，第一步是建网站。

我认为，线上对线下的冲击也只是表象。线上和虚拟只是工具和形式，真正带来冲击的是表象背后的思想，即：做事的方法和逻辑。这种颠覆不一定是依靠网站，传统线下业务也可以利用互联网思维，也可能做到突破和颠覆的效果。

《冬吴相对论》中讲过一个故事：有家洗衣店，在产能高度过剩的竞争环境下，没有被饿死，而是找到了一个新的出路：

“它没有洗衣设备，只是收衣服和发衣服。收来的衣服拉到一个大的洗衣店集中处理。然后，以某区域为基础，联合多家洗衣门店为客户提供快递收发代理服务和异地洗衣、邮递服务。久而久之，它建立了一个巨大的线下服务网络，利用这个网络开发出多个增值服务，重新定义了这个行业。”

这就是一个线下互联网思维的例子。所以，口碑营销也不一定在线上，线下也同样可以有优秀的口碑营销。

误区三：口碑营销就是网络营销、微信营销、电商等新媒体营销

业内还有一个观点认为：互联网思维下，口碑营销就是营销模式的转变；互联网思维下，口碑营销就是做好网络营销、微信营销、电商等新媒体营销。

这个观点，不能说全错，但我认为没有说到核心。新媒体营销也只是互联网思维落地的手段之一，并不是互联网思维的全部。口碑营销的本质是“做口碑”。网络也好、微信也罢，所有的互联网营销手段都是口碑营销的工具。我们要善用这些工具，同时不要偏离“做口碑”这个核心。

9.4 练就好口碑的正确姿势

口碑营销的核心是激发用户对产品的高度认同，并主动传播产品。口碑传播通常发生在朋友、同学、同事等关系较为密切的群体之间。相比普通的广告、促销与各种商业推广，熟人间的口碑传播更易获得信任，因此口碑传播的威力也更大。基于此，笔者认为新媒体营销人要员要做好口碑营销要注意以下几点。

1. 找对粉丝群

无论你的产品多么优秀，也不可能满足所有的人胃口。所以，找到喜欢它的人，并把他们聚合起来非常关键，而互联网恰恰提供了绝佳的链接环境。新媒体营销人员在做口碑营销时，第一步就是锁定粉丝群，也就是人们常说的角色设置，也就是找到对的人。

2. 给粉丝一个主动传播的理由

既然口碑营销的关键是激发用户主动传播，那么新媒体营销人员就需要给粉丝一个主动传播的理由。或设计、或功能、或性价比……找到一个让粉丝尖叫的爆点，口碑营销就成功一半了。从实操的角度看，口碑营销的过程其实就是一个创造话题的过程。

3. 选好传播工具

影响口碑传播的另一个重要因素是传播工具，各式各样的互联网圈子无疑是口碑传播的最佳工具，尤其是微博、微信这样拥有海量用户基础的大社交平台。新媒体人员在做口碑营销时，需要充分考虑各种网络渠道的特点，根据实际传播需要选择最适合的传播工具。

4. 做出参与感

口碑营销的核心就是参与感，让粉丝有一种和厂家一起塑造产品的感觉。通过一系列话题讨论与反馈机制设计，让尽可能多的人参与到有规划的互动中来。新媒体人员如果找到了粉丝与产品相契合的接触点，并激活他们的参与感，口碑营销的效果就一定不会太差。总之，新媒体时代，口碑传播的关键是做出参与感。

5. 精益式演进

去年，精益创业模式大大地火了一把，业界甚至将其奉为互联网创业的成功圣经。所谓精益式，就是小步快跑，即：产品快速推向市场，根据反馈快速开展产品迭代，让产品在实战过程中不断完善。做口碑营销也适合这种模式。

一个“爆点”抛向用户时，如果没能“引爆”，那它就不是真正的“爆点”，我们就需要快速反应，调整策略，找到真正的爆点。在网络技术空前成熟的当下，跟踪、监控口碑传播效果已经不是难事，新媒体营销人员在做口碑营销时，也要善于运用监控工具，及时发现偏差，及时调整传播策略，慢慢把口碑营销做到极致。

9.5　小米口碑营销的关键

小米联合创始人黎万强写的《参与感——小米口碑营销内部手册》全面解析了小米口碑传播的关键。书名简明扼要地写出了小米口碑营销的关键：参与感。

在小米公司内部，这本书有着极重的分量，就连小米 CEO 雷军也表示，这本书写出了小米口碑营销的精髓。事实上，在小米公司内部，这本书还有另一个名称：参与感三三法则。拆解开来，三三法则指的是：三个战略、三个战术。

三个战略：做爆品，做粉丝，做自媒体

（1）做爆品：做爆品是产品战略。小米认为与其做多个平庸的产品，不如出一款极致的爆品。只有做出行业第一的爆品，口碑营销才能顺利展

开。另外，做爆品更有利于资源聚集，通过规模效应将成本降到最低，低到让用户尖叫的程度。

（2） 做粉丝：做粉丝是用户战略。小米认为口碑营销的本质是信任营销，信任营销通常在熟人间展开。因此，小米要通过一系列参与感设计，把较弱的用户关系转化为较强的用户关系。然后，通过粉丝运营，激发用户主动传播产品，让千千万万实际用户成为产品的代言人。

（3） 做自媒体：做自媒体是内容与品牌战略。不花一分钱打广告，曾是小米公司早期雷打不动的品牌战略。不打广告并不代表不做营销推广，小米采用了另一个全新的思路：做自媒体。

做自媒体不是真的要去做自媒体平台，做自媒体人，而是让自己的公司成为自媒体，让公司的员工成为自媒体。换句话说，做自媒体是让企业本身成为信息节点，不断创造新闻点，引发媒体与用户关注，让信息自我传播，自我引爆。

在这个战略下，小米很快成为媒体报道中的热门公司，雷军本人也成为小米公司最大的自媒信息源。这几年，雷军微信公众号平均每年发 8～12 篇文章，而以雷军为主题的媒体报道则数不胜数。不得不说，小米做自媒体的品牌战略让其用了最小的成本，做出了最大的声量！

三个战术：开放参与节点，设计互动方式，扩散口碑事件

（1） 开放参与节点，就是把做产品、做服务、做品牌、做营销、甚至做研发的过程开放给用户，让用户尝试参与到企业的日常经营中。这样做，既提高了用户的积极性，也更容易找到企业与用户的共同利益点，而持续的开放互动，会让用户与企业产生强烈的绑定感。绑定越深，双方利益越容易最大化，用户也就更愿追随企业的步伐，共同成长。

（2） 设计互动方式，就是配合开放节点做相应的互动设计。每家公司都会做互动设计，小米公司的不同之处在于，它并不是把这项工作作为其他传播策略的补充，而是把它提升到了“战略产品”级的高度，用做一款产品的资源和思路去做互动设计。小米的互动设计遵循“简单、获益、有趣和真实”的设计思路，把互动方式像做产品一样持续改进。

（3） 扩散口碑事件，就是把基于互动产生的内容做成话题和可传播的事件，让口碑产生裂变与升级，极大地放大口碑营销的影响力。与此同时，借助事件的传播，参与用户的成就感也会得到极大提升。这是一个滚雪球的游戏，参与的人越多，影响力越大，影响力越大，参与者越多。每天几十条信息就是这样产生的。

小米口碑营销的三个战略和三个战术非常好理解，相信很多企业也在学着做，但现实的情况是小米只有一家，后来者学成的公司寥寥无几。当然，需要再次说明的是，今天的小米已经展现出一些“巅峰已过”的意思，但这绝不是营销的原因，实在是产品创新跟不上。不同公司在做口碑营销时一定会面临不同的难题，对于新媒体营销人员来说，在口碑营销的实操过程中，不能照搬其他公司的战略、战术，而是要根据自己实际情况，做出适当调整。小米模式的成功不可复制，但可以参考。

第 10 章 请讲实话

10.1 移动互联网时代无秘密

2015 年以后，随着移动智能终端的快速普及，中国已全面进入了移动互联网时代。相比传统 PC 互联网，移动互联网更像一场全新的革命，因为在移动互联网时代里，人们对网络的依赖程度更高。毫不夸张地说，手机、Pad、智能穿戴等越来越多的移动智能终端开始与人寸步不离，网络已无处不在。

无所不在的网络把我们的工作和生活彻底数据化了，网络上有关于你的一切。你的身份、你的位置、你的消费习惯、你的朋友关系、你的银行账号，甚至你的家庭成员等等在传统世界里非常隐私的数据，都赤裸裸地暴露在了网络上。无论你是否愿意相信，信息时代的我们所有人都已经成了透明人。

技术的进步，是导致这一切的最根本原因。移动互联网的快速到来，大大降低了个人信息数据的收集与利用难度。当前，随随便便一款 APP 都可以轻松获取使用者的各种信息，包括位置、应用列表、消费信息等。与此同时，海量移动应用与智能设备的普及，大大加大了隐私数据保护的难度。在移动互联网时代，我们毫无秘密。

另外，随着大数据相关技术的快速发展，信息伪装的成本变得越来越高。大数据时代，的海量数据和高度发达的数据分析技术，使得去身份化的信息经过不同分析、对比、组合能够重新恢复身份化，并识别出更多的内容。所以，很多时候，网络比你自己还了解你自己。

个人信息如此，企业信息亦如此！

从过去几年企业数据化的进程来看，企业法人与普通人一样，正变得越来越透明。相比个人隐私数据，企业相关数据的公开属性更强。企业法人、股东、投融资信息、财务报表、关联公司等等企业数据的查询难度越来越低。这给市场调人员提供了极大的方便，也给市场传播人员带来了巨大挑战（吹牛要打草稿了）！

近两年，我们从网络上看到的企业传闻越来越多，而其中的大部分后来都被证实。这些传闻，有的是企业故意放风，但大部分是媒体通过采访和调查“挖”出来的。这个现象告诉我们，在移动互联网时代，大众碰触企业“秘密”的难度大大降低。企业向市场释放的信息，大众也更容易辨别其中真假和水分。

企业变得越来越透明，是技术和政策共同作用的结果。2014 年 10 月 1 日，《企业信息公示暂行条例》正式公布实施。该条例强化了企业信息公示的责任义务，细化了企业信息公示的条款细则。比如，第六条就规定，工商行政管理部门应当通过企业信用信息公示系统，公示其在履行职责过程中产生的下列企业信息：

（一）注册登记、备案信息；

（二）动产抵押登记信息；

（三）股权出质登记信息；

（四）行政处罚信息；

（五）其他依法应当公示的信息。

总之，移动互联网时代，无论是个人，还是企业，核心信息都已被数据化，而且越来越透明。对于新媒体营销人员来说，深刻理解这一现状意义非凡，因为一切传播策略的制定都离不开这一大前提，这也是企业在传播过程中要“讲实话”的大环境。

10.2 网络公民的反应模式

2016 年 1 月中旬，“百度血友病贴吧被卖” 事件以迅雷不及掩耳之势引爆网络，作为中国最大的搜索引擎公司，百度在毫无准备的情况下被推上了舆论的风口浪尖。面对这次突如其来的危机，百度反应明显滞后，在“冷处理”无效、事件持续发酵的情况下，百度高层不得不出来表态：“血友病吧”事件暴露了百度在贴吧商业化运营管理上的失责，百度已采取积极行动弥补相关问题。同时，贴吧将启动全民举报计划，开放投诉举报通道，邀请吧友们参与贴吧建设管理”。

尽管本次事件后，百度公司宣布全面停止所有病种贴吧的商业合作，但网民对百度的口诛笔伐并没有完全停止。显然，从新媒体营销的角度看，百度向大家展示了一个失败案例。不过，互联网领域从来不缺少热门事件，短短三个月后，“魏则西事件”横空而出，再次将百度推向风口浪尖。有了一次失败的经验，应对这次危机，百度做了几件正确的事，成功将网民的愤怒引向了该事件另一主角：“莆田系”医院！

梳理下来，应对这次公关事件，百度主要做了如下几件事：

（1） 第一时间发声，承认失职，整改相关搜索结果；

（2） 快速回应监管层要求，停止相关商业合作；

（3） 创始人李彦宏发内部信反思竞价排名弊病，并表示要重新审视公司所有产品的商业模式。

以上三点并没有什么特别之处，为什么这次网友开始尝试原谅百度了呢？仅仅是因为，还有另一个值得网友愤怒的莆田系吗？当然不是！百度的响应抓住了两个关键点：一是时机、二是态度。说得直白一点，就是在最适合的时机，表达了最正确的态度。而正确态度的核心是：讲实话。

同是百度，同样的公关事件，不太相同的结果，为什么？

认识这两个热门事件的全貌，需要查询大量资料，但我不想纠结于各种各样的细节，这也不是本书的重点。我只想从新媒体营销角度，去分析一下这两个公关事件背后的运行逻辑。在笔者看来，仅从新媒体营销角度看，百度要应对的并不是关心血友病吧和魏则西的网友，而是以他们为代表的网络公民，在不知不觉中形成的“网络公民的反应模式”。

表面上看，网友是在关心某一事件，实际上是在借这些热门事件表达自己的情绪。说得文艺点是，“读他人的故事，流自己的眼泪”。所以，从新媒体营销角度看，引导网民情绪是应对网络公关事件的核心。而引导网民情绪，则需要深刻理解这一群体的固有反应模式。

纵观过去几年国内所发生的热门事件，我们不难发现，凡是拿出诚意、愿意讲实话的公司，往往能逢凶化吉，把危机变成转机。核心原因在于，愿意讲实话的公司，有意或无意地顺应了网络公民的固有反应模式。对于新媒体营销人员来说，深刻理解网络公民群体的固有反应模式已成为一项工作中不得不深入研究的必修课。

10.3 所有人都是媒体的兼职记者

“我有预算，我和媒体关系好，我可以控制媒体信息流！”作为一名新媒体营销人员，如果直到今天你还这样认为，那么你离下岗不远了！

传统媒体时代，打广告和做关系是避免出现公关危机的重要手段，效果也还可以。然而，互联网时代，这一规则被彻底颠覆。因为，媒体的镜头对准谁，专职记者说了不算，事件的新闻价值，要看事件本身的影响力。在百度血友病贴吧被卖事件、魏则西事件事件中，最直接的引爆者都不是专职记者，而是网络上普通得不能再普通的网民。

事实上，普通网民的巨大能量早已不是秘密。还记得2012年轰动一时的“表叔”事件吗？2012年8月26日，陕西省延安市发生“8·26”陕西延安特大交通事故，陕西省第十二届纪委委员、省安监局党组书记、局长杨达才赶赴事故现场。在延安车祸现场杨达才面带微笑引发网友不满，杨达才深陷“微笑门”。此后，杨达才继而被网友“人肉”出在不同场合先后佩戴过五块不同品牌款式的名表。网友继续发动“人肉”攻势，又为杨达才找出六块名表，总价值超过20万元。自此，杨达才的名表总数已达11块之多。鉴于杨达才在“8.26”特别重大道路交通事故现场“笑脸”的不当行为和佩戴多块名表等问题，陕西省纪委高度关注，及时进行了认真调查。调查表明，杨达才存在严重违纪问题，依据有关纪律规定，经陕西省纪委常委会研究并报经省委研究决定：撤销杨达才陕西省第十二届纪委委员、省安监局党组书记、局长职务。2013年8月30日，“表叔”杨达才受贿、巨额财产来源不明案开庭，一审判处有期徒刑十四年，并处没收财产。

网友“人肉”名表挖出巨贪，这情节堪比港台电影。不过，离奇的情节并不是我想说的重点，我想说的重点是：这样的离奇情况，在互联网世界里，几乎每天都有可能发生。互联网不仅颠覆了人们获取信息的方式，还重塑了媒体内容的产生方式。互联网时代，所有的人都是媒体的兼职记者。你所做的一切，都暴露在“媒体”的聚光灯下。

谁也不能预测下一个网络热点事件会是什么，谁也不知道哪里有人在默默地关注你（包括成绩与问题），在没有秘密的互联网时代，你唯一要坚持的就是：多说真话！

10.4 实话的威力

在信息无比透明的当下，无论是正向传播，还是危机公关，讲实话都是一个正确的选择。笔者认为，讲实话对企业来说有以下好处。

1. 赢得信任

经常讲实话的企业容易赢得信任，在竞争激烈的当下，可信是企业可持续发展的基石。销售额高达 3950 亿元的华为便是讲实话的典范。华为的核心企业文化就是：以客户为中心，诚信为本，长期坚持艰苦奋斗。

2. 减少负面报道

我们的总结是，凡是讲实话的企业，负面报道较少。企业发展到一定阶段，媒体关注报道是必然。多讲实话，有利于向媒体传递正确信息，避免由于理解偏差而带来的负面报道。

3. 避免被过度消费

企业在经营过程中难免犯一些错误，犯了错要第一时间认错，而不是掩盖。互联网如此发达，盖是盖不住的，第一时间诚挚表态，有利于赢得理解，最大程度地避免外界（尤其是媒体）对自己的过度消费。

4. 转移公众注意力

在发生危机事件时，企业往往会通过另一个更有新闻性的事件转移公众注意力。然而，更有新闻性的事件并不是每天都会发生，幸运的企业毕竟是少数。所以，讲实话是处理危机最好的方法。媒体没得挖，也就不挖了。需要强调的是，既然要讲，就要一次讲透，挤牙膏式地讲，会激发媒体更大的好奇心。

5. 赢得人心

大众对企业有着天然的戒心，企业遇到质疑时，最好的态度不是解释，而是道歉。道歉要务实，要讲实话，长期坚持这个原则，企业就会慢慢赢得人心，进而赢得市场。

第 11 章　别忘了语音媒体

11.1　广播媒体枯木逢春

随着电视、网络、移动媒体等越来越多新媒体平台的出现，语音广播媒体被业界一致看衰。然而，就在大家准备放弃广播媒体的时候，它却因为汽车的快速普及，表现出了独特的传播价值。网络新媒体的快速崛起，给传统电视媒体带来了灾难性的冲击，语音广播却因受众群体相对稳定，受到的影响并不大。

最新发布的《传媒蓝皮书：中国传媒产业发展报告（2016）》显示，电视媒体的总形势不容乐观，广告投放下滑马太效应明显；报纸更惨，广告收入断崖式下滑仍在继续；只有广播媒体表现相对平稳。从广播媒体广告投放的角度来看，2015 年前三季度广播媒体广告花费的比例同比下降仅为 0.7%，考虑到 2015 年中国经济增速开始放缓，经济下行压力显著增大，广告主营销投入持续在低位徘徊的情况，广播媒体能取得相对稳健的广告收入堪称难能可贵！

语音广播媒体之所以能够在传统媒体营收普遍下滑的情况下逆势增长，是因为从广播广告的产品类型特征上看，广播广告与电视、平面、户外等其他媒体广告产品相比有着一些不可取代的优势。对于新媒体营销人员来说，深入理解广播媒体的优劣势，有助于自己在做传播策划时，针对不同媒体特征及传播要点，扬长避短，最大化媒体传播效果。

语音广播的传播优势主要有以下几点。

（1）　受众群稳定

收听广播的受众群相对稳定，而且易于区分。比如，早晚上下班高峰时段的受众大部分为有车一族的年轻白领。听白天时段小说评书的人多为居家老人。新媒体人员通过常用的数据分析工具，很容易量化广播媒体的传播效果。

（2）　广播覆盖广，不受空间限制

广播的户外属性非常强，而且覆盖广泛，不受空间限制，是新媒体传播过程中不可或缺的元素。配合微博、网络等新媒体，广播往往可以覆盖其他媒体手段辐射不到的传播死角。

（3） 移动性好，符合现代人的媒体使用习惯

当前几乎所有智能手机都内置了广播功能，这让语音广播媒体的伴随性特征更加明显。在移动化的今天，广播已和移动互联进行有效结合，最大化顺应了现代人的媒体使用习惯。

（4） 易于碎片化投放

所谓碎片化就是将原有的整年投放方案拆分为若干个阶段性方案，或者将原来一天多次的套播广告拆分为多天一次播出。原本需要一次性投入上百万的宣传预算，经过碎片化投放调整为每次几十万甚至几万的小预算。

预算由大变小的优势是相当明显的。一方面，小预算降低了广告投放门槛，企业更容易接受；另一方面，小预算都比大预算更易决策，更加灵活，方便调整。

（5） 易于效果评估

相比网络广告，广播的数据作假难度更高。广播广告的落地点通常为电话或微博微信等最直接的联系方式，新媒体营销人员可以通过监控自己的营销后台数据，准确判断传播效果。然后，再根据广告实际播出效果实时调整广告发布计划。

（6） 精准与互动兼得

通过特定时段、特定节目和听众人群画像分析，新媒体营销人员很容易锁定最具价值的传播人群，这符合精准营销的大趋势。另外，相比报纸、电视等传统媒体的单向传播，广播具有非常强的互动属性，无论是与电话、短信结合，还是引导听众微博微信互动，广播都能表现出优秀的互动特性。在媒体渠道泛滥的今天，精准性与互动性兼具的广播，在很多时候仍是新媒体营销人员手上的传播利器。

总之，随着汽车、智能手机等新平台的出现，语音广播媒体枯木逢春，重新焕发出了生机。善用广播媒体，会让新媒体营销人员的工作更加顺畅。前文简单盘点了广播媒体的六大优势，而事实上广播媒体的优势远不止这些。在这里，我只想提个醒，企业做新媒体传播，千万别忘了语音广播媒体。

11.2　语音媒体的新趋势

传统广播枯木逢春，网络语音也如火如荼。

2015 被认为是有声行业元年，各种音频 APP 相继涌入，市场热度空前升温。喜马拉雅 FM、蜻蜓 FM、企鹅 FM、懒人听书、考拉 FM、酷听听书、百度乐播等一大批网络电台冲到大众面前。数据显示，未来三到五年，我国有声产业总规模将超过 3000 亿元人民币。另据第三方营销数据技术公司“秒针系统”联合喜马拉雅 FM、蜻蜓 FM、多听 FM 三大移动音频企业发布的《移动音频媒体价值白皮书》显示，2015 年上半年，我国移动音频行业的用户规模已达 3.5 亿，网民渗透率高达 58.3%。

种种迹象已经表明，移动音频行业正迎来爆发期。对于新媒体营销人员来说，这是一个非常重要的信号，未来的传播方案，很可能越来越多的围绕语音媒体展开。事实上，“听新闻”已经成为大众获取信息的主流方式之一。并且，随着移动互联网的快速发展，广播+APP 将主导语音媒体的未来。

拆解开来，语音媒体的未来趋势主要有三点：

（1）随着网络电台的快速崛起，传统广播份额将稳中有降。比如，2015 年全国 34 个城市广播的整体收听率较 2014 年同比下降 3.33%。

（2）网络电台 APP 的威力已引起了传统广播业的重视，越来越多的广播电台开始积极布局网络电台。比如，北京人民广播电台推出了移动网络广播平台听听 FM、中央人民广播电台上线了中国广播 APP。未来，传统广播新媒体化将成大势所趋。

（3）车载收音系统和智能手机将成最大的语音媒体承载平台。从目前的市场调查数据来看，车载收听市场增长超过智能手机。这一现象与中国汽车保有量持续增长密切相关。另外，车载收音系统中，广播+APP 的综合收听模式将成主流。

不难发现，广播+APP 将在汽车和智能手机这两个新媒体营销人员的必争之地上，迎来越来越大的发展空间。从这个角度看，做新媒体营销更不能忘了语音媒体。

第三部分

惯用手法

经过多年发展，新媒体营销已经发展成为一个分工明确、流程清晰、报价透明、运作成熟的庞大利益生态。毫不夸张地说，只要你掌握了其中诀窍，天下就没有难做的传播项目。惯用手法包括：媒体推送、事件营销、内容营销、口碑营销、危机公关、微信营销……

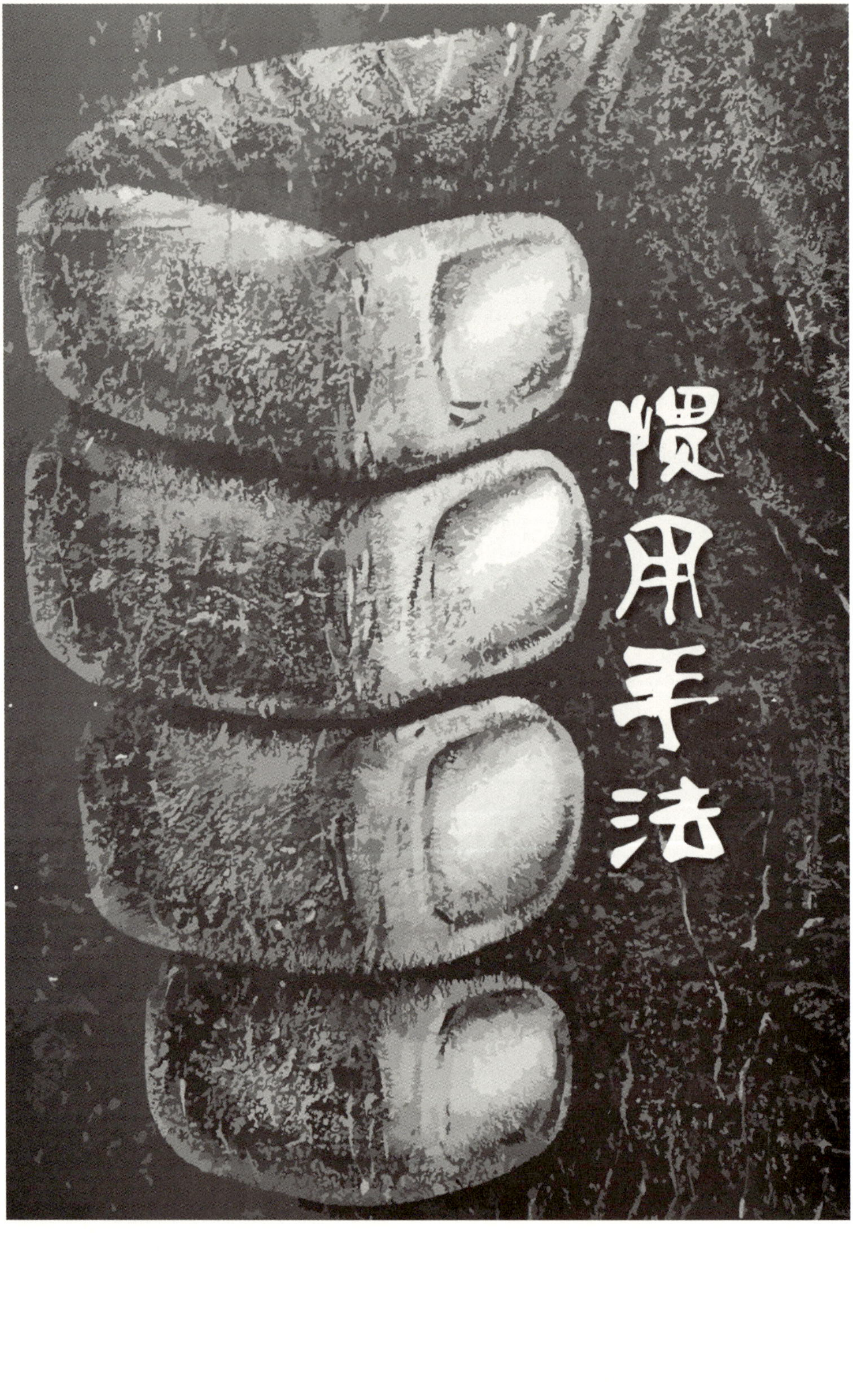
惯用手法

第 12 章　媒体推送

12.1　基本概念

媒体推送，或称媒体发稿。即通过一系列公关活动，将需要宣传的内容（通常为文章）发送到一系列相关媒体中。包括网媒、平媒（报纸、杂志等）、电视媒体等新闻类媒体。媒体推送之所以主要针对新闻媒体，是因为新闻媒体的公信力强，易取得潜在受众信任。

经过多年发展，媒体推送已经发展成为一个分工明确、流程清晰、价格透明、运作成熟的庞大利益生态。毫不夸张地说，只要你的内容不违法，是合规内容，发到任何媒体上都不无可能，甚至包括大家耳熟能详的国有央媒。另外，部分媒体推送公司还可以把你的内容推送到全球媒体。

百度搜索“媒体发稿”，首页首屏基本全是“商业推广”的媒体推送公司，实际上也就是这些媒体公司发的广告。点开详细页，不同类型，不同领域的媒体应有尽有。国家工商总局最新公布的《互联网广告管理暂行办法》自 9 月 1 日起执行，其中已明确规定，互联网广告包括“推销商品或者服务的付费搜索广告”。

提到媒体推送，就不得不提媒介经理，因为媒介经理是执行媒体推送项目的关键执行人。媒介经理，英文名为：Media Director，是指负责媒体

资源整合、采购，优化媒体关系，进行客户投放指导等工作的专业人员。媒介经理通常是第三方公司的人，当然有些企业也会招聘全职媒介经理。随着企业与媒体互动的持续增多，媒介经理快速成为了成长型企业中炙手可热的专业人才。

12.2　成功关键

媒体推送成功的关键在于能否在短时间内将需要传播的内容迅速引爆网络。即：一是量要大，二是速度要快。

当前，信息海量存在，任何内容要想脱颖而出，都必须有一定的量。一篇文章再好，如果没有转发、转载，没有媒体跟进报道，都不可能有太大的影响力。媒体推送就是要造成一种“假象”：这件事很多媒体在关注，很多媒体在跟踪报道。所以，在网络媒体多如牛毛的当下，要想做到这一点，推送量必须达到一定的量。业内比较流行的做法是，三天内覆盖 100 家以上相关网络媒体，其中，网易、腾讯、搜狐、新浪这四大门户至少上三家；5～10 家平面媒体；如果有条件最好能争取到电视媒体报道。平面媒体要上全国性的有公信力的媒体。

速度也是非常关键的因素，道理很简单，三天 100 家网站转载就会有人关注，一个月有 100 家网站转载可能就没人关注了。另外，各大网络平台排行榜中的热门榜，也是根据一定时间内全网内容热度排的。如果短时间内，有大量网媒转载，该内容很可能成为热门榜中的推荐内容。要知道，一旦上榜，流量会迅速增加，而且会带来二次传播引爆。举一个我身边发生的例子。

2015 年 4 月，国内知名歌唱组合毅光年千万级战略投资邦帮堂，极客网全程报道了发布会，并撰写了三篇深度稿件。邦帮堂找到极客网，希望将这三篇文章作为媒体推送稿推荐到其他媒体中。经协商，双方达成一致后开始操作。一天内 100 家网络媒体转载，相关话题更是冲上了微博话题榜的第 131 位，三天总阅读量高达 36 万。

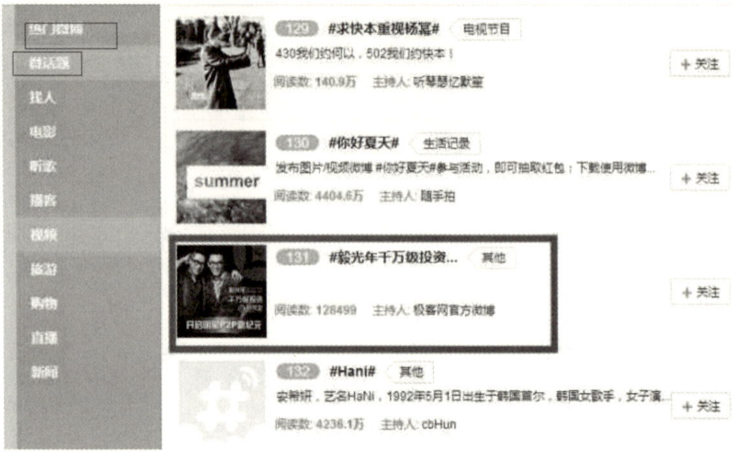

值得一提的是，要想在短时间内迅速将一篇文章推荐到百家以上媒体，操盘手必须拥有广泛的媒体渠道和过硬的媒体关系，日常维护成本较高。企业往往会和第三方媒介公司合作完成媒体推送项目。

12.3 操作流程

媒体推送是一个非常常见，而且相对成熟的新媒体营销手段，对于有相关经验的机构来说，这是最简单的传播手段之一。通常包括以下几个步骤。

1. 定制传播内容

任何传播都会有它特定的目的，媒体推送的第一步就是根据传播目标撰写相关内容。好的内容有助于降低推送阻力。道理很简单，媒体都喜欢发新的、有深度的、相对中立的内容。根据不同媒体内容特色撰写相适应的内容，是每一个新媒体营销从业者必练的基本功。

2. 规划传播渠道

每家媒体都会有各自的专长和特色，不同的媒体，读者群也不尽相同。所以，在做媒体推送时，最高效、最低成本的做法是寻找精准度高的媒体投放，而不是越多越好。媒体推送看似是简单粗暴地付费发稿，其实背后有很多值得深入研究的策略。要知道，好的渠道投放策略会起到事半功倍的效果。

3. 落地执行

定制好渠道策略后就是落地执行，这一步往往会引入第三方合作媒介公司。他们常年做这一件事，资源和手段都比较多，能够高效完成媒体推送任务。大多数时候比企业自己去一家一家谈效率更高、成本更低。

第 13 章　事件营销

13.1　基本概念

事件营销，也叫话题营销。通过一系列有深度，能抓住用户痛点的文章、事件，吸引媒体和潜在用户关注。最终达到品牌推广、产品销售的目的。

简单来说，事件营销就是利用媒体内容制造机制，通过一系列公关运作，让内容在媒体中自动传播，从而达到比传统广告更好的传播效果。

事件营销的目的性和主题性都非常强，并且整个事件有完整的传播周期。成熟的事件营销项目，都会有“预热——宣传爆发——引爆——持续传播”四大关键环节。并且，都是整体规划，“市场——公关——媒体”一贯作业。

尽管事件营销的操作流程已相对成熟，但它的成功有着非常大的随机性，就算是经验丰富的老手，也不能保证每次事件营销都能成功引爆舆论关注。这既是事件营销的巨大挑战，也是它的最大魅力所在！

事件营销并不是什么新概念，但互联网的快速崛起，让其得到了更广阔的施展空间。通过互联网，一个事件或者一个话题可以更轻松地进行传播和引起关注，成功的事件营销案例开始大量出现。从 20 世纪 90 年代后期开始，事件营销逐渐成为新媒体营销中最重要的组成部分之一。

目前，市场上主流的事件营销手段主要分为借力式和主动式两种。借力式就是紧跟行业热点事件，把所要传播的信息与之结合，通过一系列事件策划与整合传播，让公众注意力从行业热点话题转向企业规划的相关议题。比如 618 购物狂欢节已成传统电商最重要的年度大事件之一，每年都会有大动作。2016 年 6 月，万达的飞凡商业联盟宣布联合 3000+实体商业加入逐鹿 618，玩了一把借势营销，非常成功。

主动式就是企业主动设计一些议题，再通过一系列传播推动，将公众注意力吸引到事件上来。相比借力式，主动式事件营销的难度更大，不确定性也更大。好的主动式事件营销必须同时具备创新性、公共性及互惠性，让大众持续关注。尽管主动式事件营销难度较大，但它仍颇受企业青睐，因为它的目的性更强，效果更直接，一旦做成，对企业的价值更大。小米就是善用主动式事件营销的典范。比如，MIUI8 大升级，提前数月就把引入 Graphite Software 的分身功能对外公布，并通过多个应用场景的解读，带动了大量米粉和科技媒体的广泛关注。

目前，事件营销已经发展成为一套集新闻效应、广告效应、公共关系、形象传播、客户关系于一体的综合传播手段，在创立品牌、推广产品、提升产品美誉度等方面应用非常广泛。毫不夸张地讲，事件营销已成为新媒体营销的核心。

13.2　成功关键

事件营销成功的关键是通过话题“引导”媒体报道，而不是被动“求”媒体。如：封杀王老吉、3Q 大战和近期上演的抵制 360、封杀百家广告等事件，都有幕后推手。这些事件中，受益方没有在媒体中投入一分钱广告费，但效果远胜于打广告！

下面看一个事件营销的案例。

2015 年 10 月，“Sugarlady 随时随地拗造型大赛”活动刷爆了朋友圈，同样是很少的市场预算，却达到了“霸屏”的效果。主办方策划了一系列魔性十足的事件，在互联网科技和金融圈同时引爆。直到现在我的脑海中还不时闪现当时的场景：外国帅哥、超长悍马，以及九大公司的员工与外籍帅哥们造型各异的合影，以及他们身后那一个个公司 Logo……（案例详细情况可见本书第四部分的案例分享）。

由这个案例不难看出，新媒体营销成败与否，已经不再是某一个渠道所能决定的了。企业要想做好新媒体营销，必须充分利用各种媒体渠道打好组合拳。因为所有媒体版位资源都是工具，支撑新媒体营销成功的关键是背后的传播策略。只有工具，没有策略，无异于放盲枪。而只有策略，不懂运用工具，则是纸上谈兵。所以做好新媒体营销，工具、策略缺一不可。

总之，事件营销的成功关键有两个：

（1） 引导媒体报道，比购买媒体广告更重要；

（2） 打好组合拳，让受众主动传播。

13.3 操作流程

事件营销的表现形式迥异，但基本的操作流程却非常相似。熟练掌握事件营销操作流程中的规律与技巧，有助于新媒体营销人员策划出优秀的事件营销方案。一般来说，事件营销的主要操作流程有以下几步。

第一步：定制传播目标

事件营销是为企业宣传服务的，所以做事件营销，第一步就是要把传播的目的、预期效果和评判标准做出来。只有有了清晰的目标，事件营销才有意义。

第二步：策划事件

事件营销之所以叫事件营销，是有具体的事件，而事件本身也是事件营销成功的关键因素。在确定目标的基础上，新媒体营销人员要策划出与目标相匹配的事件。关键是要有争议或特色，要抓人眼球，引发广泛关注。

第三步：预热事件

主事件策划完成后，就是对该事件的预热。该阶段通常会用到媒体推送，通过一些主动传播，将事件抛出来。同时，通过一些舆论引导，把大众目光引导到事件上来。

第四步：引爆事件

引爆事件的关键是有节奏、有规划、有步骤地向市场释放信息。在适合的时机，抛出争议，放大影响，引发全网关注。

第五步：后续传播

引爆并不是事件营销的结束，后续传播仍然重要。事件营销要想获得最大化的传播效果，在第一轮高潮期过后，往往还要有计划地开展两到三轮传播，周期通常为 2 到 3 周。好的后续传播，通常能引发大众对事件的二次关注，激活事件本身的二次传播。

第 14 章　其他手段

14.1　软文营销

软文营销是指通过一系列宣传性文章、图片、视频等内容，在各大主流媒体中持续曝光，让潜用户知道、了解、信任、喜欢、购买产品。

软文营销的主要载体是文章，此法关注的是覆盖面和精准度。“覆盖面”来推动品牌知名度的提升，“精准度”促进产品销售。

“覆盖面”看似比较简单，拿出相应预算就能够做到。难的是在有限的预算下做到最好。因此，要想做好软文营销，需要同时拥有丰富的项目执行经验和媒体资源。在实际项目执行过程中，企业通常会和成熟的媒介公司联合执行。

“精准度”对内容的针对性和传播群都有比较高的要求，要想做好软文营销，项目执行团队需要具备深度撰稿和内容策划能力，同时能够精准判断相关媒体的受众特性，将内容推荐到最佳的媒体渠道中。在实际操作过程中，垂直媒体往往会比门户网站起到更好的效果。

值得一提的是，在很多时候，企业自身策划能力有限，往往会借助第三方力量，这时自媒体无疑是最好的选择，这也正是自媒体近两年日益火爆的最主要原因之一。借助自媒体可以大大提高企业软文的质量，也可以为企业增加精准受众。

软文营销是成本最低的新媒体传播手段之一，近几年越来越多的企业开始大力开展软文营销。

延伸阅读：企业日常公关传播稿件撰写的秘诀

一、鱼和熊掌

企业日常公关传播中的稿件撰写，拼的不是文采，而是影响力。一些文章看似行文平平，但绵里藏针，一针见血，在特定圈子中非常有影响力。而有一些文章文字无比华丽，但内容空洞，堆砌热点，影响力全无。显然，从企业公关传播的角度看，第一种文章更有价值。

当然，文采和内涵兼具是最佳状态，但做到这一点非常难，长期做到这一点更难，像极客网这种长期专注内容的团队，也不能保证篇篇出彩，视角相对单一的企业市场部，更不容易做到。所以，文采与内涵不能兼得时，内涵优先，也就是专业性优先。专业性有了，文采很好补，比如和文字能力强的新媒体合作，共同创作。

二、整体规划

一篇文章再有威力，也是有限的。好的公关传播，更不是看单篇文章怎么样。安恒信息深挖 Apache-Struts2 漏洞，就是一个很好的案例。安恒并不是一篇文章匆匆了事，而是针对这个漏洞持续报道，先后出了五篇文章，从技术、自身产品、行业用户方案等关键维度全面开花。所以，结论是：好的公关传播稿件是要有整体规划的。目标设定后，海陆空全线出击，协调作战。有节奏、有步骤地向市场释放影响力。

成熟的公关传播项目，都会有“预热——宣传爆发——引爆——持续传播”四大关键环节。并且，都是整体规划，“市场——公关——媒体”一贯作业。而不能想起一码是一码。技术型创业公司，往往在技术上非常擅长，却长期忽略公关传播的整体规划，当公司发展到一定阶段，市场倒逼着你不得不重新重视和规划。

具体操作手法，可以在实际项目中，以战代学，以战代练。几个好的项目下来，团队就会找到感觉。

三、有的放矢

熟悉李海刚（自媒体）工作室的朋友都知道，我们给战略伙伴策划的文案和撰写的稿件，很少返工，基本上是一次通过，而且发出去后的效果很好，相关企业的领导也很满意。原因在于，我们的创作模式与其他自媒体有着巨大的不同，我们的内容团队拿到报道需求后，会做大量工作。

第一：调研。我们既要调研市场环境，又要调研厂商情况，甚至是竞争对手情况。然后，比对近三个月该厂商的市场声音和所有相关角色近三个月的市场声音。目的是充分理解需求提出的原因、背景以及需求本身的合理性。

第二：选题。下笔之前，我们内部会召开两到三轮选题会，在充分理解需求的基础上，商议最佳的报道维度。详细规划节奏、规划亮点、规划争议点、规划传播点。

最后：码字。前面的工作做得充分了，码字是很简单的事情，因为有的放矢了。每一段话，每一个字都有其所承载的任务。我们写的内容基本上不会有硬伤，更不会有废话。这一点非常重要，信息爆炸时代，用户的眼睛很刁，稍有不慎，就会抛弃你。所以，我们写文章的每一个字都会反复推敲、打磨，以保证最佳传播效果。作为媒体应该这样做，作为企业市场部，也应该这样做。

四、苦练内功

一篇文章好，不难；篇篇文章好，很难。知名自媒体“六神磊磊读金庸”的文章多数能做到10万+，我们只看到了他的成绩，却没有看到他在成名之前，有近20年的专业媒体基本功。媒体做内容需要苦练内功，同样，企业市场部撰写公关稿也需要苦练内功。

个人觉得，内功主要表现在以下几个方面。

1. 敏感性

市场上每天都会有大量信息，哪些信息有用，哪些信息没用，哪些有价值，哪些没价值，哪些会成爆点，哪些会无关痛痒，等等。看似很容易识别，其实不然。没有几年苦功是做不到的。比如，极客网编辑的基本功，是建立在每天阅读大量行业信息的基础上，并且至少 18 个月以上才能出师。但这是必由之路，没有市场敏感性，文笔再好，也抓不到要点。只能是放马后炮，每次都与热点擦肩而过，错失很多借势传播机会。

2. 文字功底

写新闻稿、写公关稿非常讲究，与写普通文章有着本质的差别。不同题材，不同素材，都会有不同的写法。甚至还要针对不同媒体的气质，定制与之相匹配的文章。这就要求我们要有非常强大的文字功底。同样的意思，不同的表达，可能就有完全不同的效果。“××奥运会喜得铜牌”与“奥运会痛失金牌”所表达的效果新截然不同。很多时候，一字之差，谬之千里。这方面的能力需要靠持续积累和修练。

3. 速度

互联网拼的是速度，我们做市场传播的更是争分夺秒。新媒体团队的另一个基本功就是出稿速度。我们的团队练了很多年，现在能够做到当日或隔日出深度稿。这种速度是非常有竞争力的，所以，作为企业市场部的写手，在速度上也要下些功夫。

五、技法与心法

技巧好学，心法难学。企业公关，很多时候斗的是心法，而不是技法。比如，京东与阿里之间的公关战，非常惨烈，也非常精彩。一篇篇具体文章的背后，其实都有着非常清晰的节奏，内行人很容易看到其中的传播链条。更多时候，他们不太关心某一篇文章的好坏，而是关心这一轮较量是否占了优势。他们不会把成败押在某一个人的某一篇稿子上，而是通过一个整体规划的系统传播工程，保证最终的传播效果。所以，企业写文章，最关键的不是某一篇稿子的技法，而是一整套传播体系的心法。这说的有些玄，但却是再真实不过的现实。

14.2 口碑营销

口碑营销是指利用博客、论坛、社区、病毒视频、知识问答、聊天工具等各种网络传播手段，帮助客户策划、设计、撰写、传播各种符合客户需求的网络传播内容，达到在网民中口碑相传的效果，提升客户的品牌和产品形象。

此法成功的关键有二：一是用户情绪的充分调动，这部分依赖于内容素材策划的高明；二是传播力度足够引爆网络，这部分主要依赖于传播渠道的质、量和节奏控制。

在前文中我们已经详细介绍过口碑营销，在此不再做过多解释。只是想强调一点：口碑营销是一个长期过程，并渗透到企业经营过程中的方方面面。口碑营销强调企业与客户间的交流与互动，让企业口碑在这种持续的互动中，持续地自我传播。

据公开资料显示，口碑营销最早由任天堂社长山内溥提出，后来随着互联网的快速普及，口碑营销慢慢成为新媒体营销体系中最主要的手段之一。

口碑营销非常复杂，没有一成不变的操作手法可依，因为驱动用户主动传播的源动力多种多样。新媒体营销从业者要持续在实战中调整策略，在与用户的持续互动中让口碑营销策略最优化。

值得一提的是，口碑营销的特点就是以小博大，在操作时要善于利用各种强大的势能来为己所用——可以借助自然规律、政策法规、突发事件，甚至是借助竞争对手的势能。

延伸阅读：适合草根企业的网络推广方法（一）：心态

作为正在进行互联网创业者，或者互联网转型的传统企业，必须懂得如何获取“草根”用户的欢心。而这一切的基础是：你的企业准备好做“草根”了吗？

“你若端着，我便无感”，这是“罗辑思维”CEO“脱不花”妹妹说的，人如此，企业也如此。在我和很多同道中人看来，企业如果想做“草根”的生意，必须得自己先成为“草根”，这样“草根”对“草根”，交流才能到心坎里去，认同感才会建立起来。

所谓的互联网思维，其实并没什么高深莫测的，说白了就是“用户中心”思维，即用户在哪儿，喜欢什么，作为企业你就要去哪儿，提供什么。如果这一点无法做到，你基本上就不要想什么互联网思维了。

“草根”是一种态度

对于“草根”一词领悟背后的精神比什么都重要。在我看来，“草根”是一种自嘲和自励的态度，是一种放下包袱轻装上阵的态度，是一种认清现实、积极向上的态度。

很多人由于没有这种意识，没有这种态度，尝尽了后知后觉的苦果。当年苏宁老大张近东眼看着中关村倒卖电脑的刘强东搞 3C 电商时，信誓旦旦说苏宁永远不会把电器搬到网上卖，后果你们懂的。当刘强东亲自出去送快递时，苏宁国美这些大佬公司的大佬们或许暗中笑掉了牙不屑一顾，结果你们懂的。

京东的成功当然有很多原因，但刘强东本人的“草根态度”也是其品牌获得广泛认可的重要力量。同理可见，微信、YY、陌陌、唱吧、美拍……一个个具备“草根”精神、抓住“草根”心理的产品都取得了空前成功。更明显的例子是余额宝，通过对接“草根”，它让货币基金这么高大上的东西唾手可得，焕发出新的生命力。

“草根”可以逆袭

当今中国影坛，你觉得最具票房号召力的是男女明星是谁？最新统计显示不是华仔、伟仔、霆锋、晓明，也不是“四旦双冰”，而是黄渤和杨幂。这说明什么，说明这是一个变革的时代，技术的变革、思潮的变革，市场的变革……得“草根”者得天下，“草根”精神正在解构一切。郭敬明三部《小时代》的票房佳绩让很多学院派导演义愤填膺却又望尘莫及。

“草根”逆袭，是用户的选择，是市场的选择，甚至可以说是时代的选择。“草根”能够逆袭，绝不是有些人所谓的投机取巧，或者说“狗屎运”

降临，人家背后也是有辛勤的劳作和汗水挥洒的，只是这些都被太多数人选择性忽视掉而已。

明确了上述的东西，如果你是实力有限的初创企业，抑或日子难过想要转型的传统企业，就必须做出一个抉择了：是继续参加各种看似高大上的培训、沙龙、论坛呢；还是沉下心来，以“草根”精神为纲，踏踏实实做好产品和服务，服务好“草根”？

延伸阅读：适合“草根”企业的网络推广方法（二）：定位

上篇我讲到，互联网时代的创业企业要具备“草根”的心态，这是精神层面的修炼，在“得‘草根’者得天下”的互联网时代，与用户打成一片才是王道。

今天我要讲的是定位，以及定位的重要性，这是“物质”层面的修炼，需要企业在创业之初就基本形成（可以接受过程中的适当修正）。和上一篇一样，本篇还是讲“战略”，不涉及具体的“战法”。好的开始等于成功的一半，万丈高楼基础没打好，后面建设起来会很难受。

为什么要讲定位，因为作为创业公司你首先要问自己几个问题：你是谁？你为谁服务？你提供什么样的产品和服务？如何赚钱？换种说法，这就是我们常讲的品牌定位、客户定位、产品定位、盈利模式定位。

品牌定位

品牌定位主要解决的是用户认知度的问题，即用户为什么选我，而不是其他家。很多人可能会说，初创的小公司哪有什么品牌，不过是芸芸众生中的一员，靠天吃饭罢了！老实说这是很旧的思维方式了，君不见微信公众号喊出的口号：“再小的个体也有自己的品牌”！因此，品牌定位的第一步是要大胆地亮出你的品牌。

接下来要做的就是定位品牌并打造品牌。做品牌定位，差异化是第一步，除非你是腾讯，能够后来居上，否则最好选一条没被踩秃的路走。实现差异化了就进入第二步：坚定不移地走下去，切忌三心二意见异思迁。一个品牌想要产生品牌效应绝非短时间内可完成，要持续不断地耕耘，终极目标是“品牌即营销”，让用户爱上你的品牌。

客户定位

客户群体定位就是要搞清楚你的客户是谁，分布在哪里。只有搞清楚了这一点，才能对得上眼，不至于浪费双方的精力。客户群体定位是个精细活，容不得大致如此或似是而非。而且，即便是定位已经较为精准了，也要抓核心群体和次核心群体，一切产品、服务和营销应以服务核心用户群为准绳。

拿时下火热的P2P网贷来说吧，做过私募基金、有大客户资源的，最好的定位就是“高净值”客户；纯互联网出身的企业最好定位在上班族，也就是通常所说的“草根”一族；而从财富管理拓展而来的平台最好盯住中老年客户……一旦错位，无异于以己之短搏人之长，往严重了说叫“逆天而为”。当然，客户群体可以是动态变化的，但这种动态变化是自然而然的，千万不要想当然，盲目切入不擅长的用户市场。

产品定位

产品定位与客户群体定位息息相关，最重要的是分清楚核心产品和周边产品。纵观近年来势头凶猛的苹果、谷歌、阿里巴巴、百度等，在核心产品和周边产品的对待上都泾渭分明，更不用说魅族、小米这样的后起之秀，更是把“一款产品打天下”的哲学发挥到极致。

做产品要做减法而不是加法，这不仅适用于互联网企业，也适用于传统行业。很多企业之所以有那么多的产品线，表面上看是为了满足不同用户需求，其实是不自信而产生的广撒网多捞鱼心理。这么做不能说不好，但风险很大，最大的风险就是重资产、掉头难——这就是为什么如今很多传统企业面临被革命的根本原因。所以产品定位一定要分清主次，把主要精力放在少数的一款或几款核心产品上。

盈利模式定位

盈利模式定位就是怎么赚钱的事情，不过说实话这一点的重要性并不是那么重要，至少不如前三个定位重要——因为笔者坚信功到自然成。品牌没定义好，产品服务不到位，用户群体没找着，那再好的盈利计划都是空谈。

我知道肯定有很多朋友不认同我这一观点，但这确实是一个创业者需要矫正的认知问题。古人说，“文章本天成，妙手偶得之”，又说“君子坦荡荡，小人长戚戚”，其实都说明成绩、名声通常是在不经意间得到的。初创企业的盈利模式定位，要“有方向，没目标”，朝正确的方向走，不要被目标天天压得喘不过气来。至于维系企业运转的资金从那里来，只要你的企业有潜力，天使、VC、众筹等都是渠道。

看到这里你也许又生出一个疑问：“草根”企业不是没钱才很“草根”吗，哪有心情去定什么位？对此我想说两点：第一、“草根”是一种精神，“草根”心态和低端不是一回事，不要低估明天的自己；第二、磨刀不误砍柴工，好的开始等于成功的一半，不要把痛苦留给未来。

14.3 危机公关

危机公关是指企业在遇到危机时所采取的关公传播机制，它具有意外性、聚焦性、破坏性和紧迫性。危机公关的主要目的是避免或者减轻危机所带来的严重损害和威胁，从而有组织、有计划地学习、制定和实施一系列管理措施和应对策略，包括危机的规避、控制、解决以及危机解决后的复兴等不断学习和适应的动态过程。

危机公关成功的关键是引导媒体舆论向利于自己的方向偏移，因此一味地掩饰和过多地披露都可能带来更加糟糕的负面影响。互联网时代做危机公关，要深刻理解互联网思维，做到在合适的时机说合适的话。

需要强调的是，危机公关是一个非常复杂的系统工程，没有哪种方法适合所有危机公关项目。新媒体营销人员必须学会具体问题具体分析。不过，互联网时代的危机公关有很多共性，一些基本的处理原则具有较强的普适性。以下三点最为典型。

1. 互联网不相信权威

互联网是去中心化的，当公关危机发生时，切忌打官腔、说官话，你越强势，网络舆论越要把你拉下马！所以，互联网时代，处理公关危机时，要尽量放低姿态，以一个诚恳的态度向外释放信息。你表现得越诚恳，越容易得到理解和认可，进而加快度过危机，将负面影响降到最低。

2. 速度和节奏决定成败

互联网时代，危机公关响应一定要快。因为，在一两天的时间里，负面影响就可能扩大到不可收拾。快，并不代表无规划、无节奏，而是要在可控的情况下做到最快。处理危机公关的节奏有一个非常重要的原则：好消息要一个一个分开说，而坏消息要一次性说清！

3. 撒谎的代价是巨大的

互联网时代，信息是透明的，而且传播速度非常快。在遇到危机公关时，如果选择撒谎，很可能带来更加严重的后果。所以，危机公关的最好处理方法，不是掩饰真相，而是坦诚地面对，在最短的时间内争取到最多的认可与理解。要知道，谎撒得再圆，在大数据时代也很容易被揭穿。所以，面对危机公关，千万不能撒谎！

延伸阅读：优酷公关败笔

2014 年底，一篇名为《少年不可欺》的文章，一夜之间，引爆网络，全民关注!文章作者是 NIKO EDWARDS 创意团队，他们刊发此文的主要目的是控诉优酷和陌陌在伪装与其合作的情况下剽窃其创意，并且在事后交涉过程中态度恶劣。文章发出后，在优酷、土豆的视频评论中更是掀起了一番对优酷和陌陌的舆论声讨。

看过这篇文章的人不难发现，这是一个行文极其普通的维权书。但就是这么一篇普通得不能再普通的维权书，让优酷快速陷入被动的舆论漩涡中。一封并不高明的普通维权书，为什么能有这么大的威力？

道理很简单，因为涉事企业是一家众人皆知的巨头。而在中国当前的创新环境中，肆意抄袭、以大欺小之事时有发生。民众是在借此事，抒发长期压在心底的不满。大家希望看到的，仅仅是优酷会用什么姿态处理这件事!这个姿态关键不在法律，而在人心。

对于这件事结果，每个人的心里都有一个预设!很遗憾的是，面对突如其来的公关事件，这家拥有海量青年用户的中国大公司，并没抓住机会展示出他应有的风范。优酷的第一反应不是争取谅解，而是反复强调自己的“清白”与“合法”，而这恰恰是大家不愿看到的，优酷给大家树立了一个坏的榜样：“看，大公司就是这副嘴脸!”尽管后来优酷很快又回应称支持原创、保护 PGC（专业生产内容）权益，但网友情绪已被点燃，优酷的公关显得非常被动。

事实上，在现实生活中，法律是社会的底线，不违法的事情并不都是对的。作为一个互联网行业“大佬”级的公司，不应该只是守着法律的“底裤”过日子，而应该有更高的追求，为自己穿上华丽的衣服才能值得受众为其点赞。古兵法有云，惨胜如败。在现代的商业经营中，赢了道理，输了人心，则是最大的公关败笔。

14.4 微信营销

微信营销是指围绕微信生态所展开的一系列营销活动。微信营销是伴随着微信的火爆而新兴的一种全新移动网络营销模式。依托腾讯庞大的用户群体，微信营销正快速取代微博营销，成为当前最热门的社会化媒体营销方式。

微信营销成功的关键是能否建立一个稳定、活跃的粉丝社群，并持续在社群内引发相关信息的自我传播。说得直白一点就是：微信上的内容有没有人看，有没有人转。

当前，微信营销已经成为新媒体营销领域的大热点，几乎到了“无微信、不营销”的地步，相关书籍、培训、文章多如牛毛。然而，微信营销看似形式简单，其实无固定章法；看似非常易于上手，其实做出成绩难度极大。这也是为什么做微信营销的人很多，却鲜有大家的根源所在。一语概之，微信营销的门槛不在门外，而在门内。上手很简单，持续策划出优秀的内容却非常难。

所以，做好微信营销的最好方法，其实并无标准答案。不同企业、不同产品、不同目标，做微信营销的方法可能不尽相同。但在笔者看来，微信营销其实并没有什么大秘密，核心无非两点：

（1）通过自媒体（公众账号+朋友圈）内容不断吸引潜在用户关注，最终达到品牌推广、产品销售的目的。

（2）通过微信接口二次开发，做一套体验极佳的客户关系管理与客户服务系统，不断提高客户服务满意度，最终达到品牌推广、产品销售的目的。

认识到了这两个核心，其他的都是方法层面的问题。只要用心研究，多多动手实践，收获肯定比看书、上课、找大师来得直接。

另外，很多人喜欢在自己的微信昵称前加个A，以便排在好友通讯录前面。其实，这是非常低级的做法，非但达不到效果，还会引人反感。中国人是最含蓄而重内涵的民族，凡是真正的大家，都懂得“隐”。要知道，欲速不达，过犹不及。名字前加个A不是明显告诉大家你是来做广告的吗？这么低级的手法，还是不要用了。古语云，小隐于野，大隐于市，说的是一种境界。做微信营销，也需要这种格局，也需要这种境界。

延伸阅读：微信营销无秘密

最近，不少公司邀请我去做一些关于微信营销的内训或交流，其中包括传统企业、互联网公司、银行、创业团队，甚至还有自媒体、公关公司等等。显然，随着微信生态影响力的不断扩大，越来越多的企业开始关注基于微信的营销和服务。作为一名新媒体创业者，我个人更是强烈地感受到了微信生态的强大爆发力！无微信，不营销，现在提这个说法，似乎都不为过！

虽然我非常愿意和大家分享，但由于一直在外面飞来飞去，一直没有时间和朋友们当面交流，非常遗憾。不过，我始终觉得，微信营销只是一种新兴的网络营销模式，所有玩法在过往的网络营销体系中都有，需要讲的内容并不多。从实操角度看，微信营销其实并无秘密可言。不过，既然这么多朋友关注，就用下面这篇文章，分享一下自己的想法吧。

这篇文章是坐在德国汉诺威开往柏林的大巴上写的，速度肯定是有了，但深度并不一定够。权当给大家提供一些参考。

1. 对的人

微信是一个特别的信息载体，有着自己的特性。在微信朋友圈传播的内容，与传统媒体（网络、电视、报纸、杂志等）上的内容有着巨大的差别。所以，能做好报纸、杂志内容的人，并不一定能做好微信内容。更重要的是，微信营销强调自传播，调动阅读者情绪和共鸣非常关键，所以微信内容既要做到通俗易懂、方便阅读，又要做到娱乐性与专业性兼备。结论是：要做好微信营销，第一步就是找到对的人。

2. 明星效应

在微信生态里，大众对个人意见领袖的关注，往往比机构官号更多、更大。这也是为什么当下自媒体如此火爆的原因。

从人性的角度思考这个现象，更加容易理解。微信的基因是社交，最大的优势是互动。人们是愿意与一个个有血有肉的人去互动，还是愿意与冷冰冰的机构互动？答案不言自明。纵观当前市场中做得最好的微信公号，凡是爆发力强、影响力大的，大部分都是个人品牌突出的公号。结论是：要想做好微信营销，要先树立明星。明星号与官号形成联动，才能把营销效果最大化。比如，我们的微信营销账号体系就是这么设计的。具体为：

极客网（公司官号）+李海刚（意见领袖），新金融 Club（公司官号）+朱飞（意见领袖）

3. 识别度

首先大家心中要有一个概念：流量≠影响力！当前，大部分做微信营销的人都或多或少有一个误区，那就是只要把流量做上来了，影响力就有了，其实并非如此！

流量要的是眼球，影响力要的是认同。有眼球，无认同，营销效果不会太好。你传递的内容和与之相对应的核心价值观，只有得到潜在用户群体的广泛认同，才能发挥效力。否则，一定是空有点击，却无转化。结论是：要想做好微信营销，先要找到切入点，统一内容风格，把专业特色做强，把传播效力做大，最终在持续的耕耘中做出识别度！

识别度是什么？是认同，是影响力！

4. 执行力

很多微信培训班都在拼了命地讲技巧，我却觉得这恰是无关紧要的。因为，互联网时代，信息无比透明，没有什么是秘密。哪个做微信营销的说自己有独门秘籍，我通常是不太相信的。那么，为什么不同人做微信营销，效果会大大不同呢？我的看法是，营销效果有差异的核心不在方法多寡，而在执行力。

网络是开放的，被证明有效的方法一共就那么多，用点心，上几回课，看几本书，几天就可以把技巧总结好，但真到执行，往往就要打折了。结论是：要想做好微信营销，执行力是第一位的。如果你的微信营销团队不给力，请先去检讨一下，他们的执行力是不是有问题。不要把时间都浪费在研究方法上。

5. 沟通与互动

沟通与互动，大家常常挂在嘴边，但轮到做的时候，就不知道从何下手了。在微信营销的实际操作中，沟通与互动也是一个非常重要的环节。结果，大家把注意力都放在了内容上，却忘记了沟通与互动，怪不得营销效果一直不是很好。

微信营销中的沟通与互动，既涉及与粉丝之间的，还包括团队成员内部之间的，甚至还包括潜在受众的。想一想，这些你的微信营销团队都注意到了吗？如果没有，赶快做起来。结论是：要想做好微信营销，要特别注意与不同角色的沟通与互动。然后，再根据反馈信息，持续优化内容、专业着眼点、推送时机、合作对象等实操流程与效果监控体系，逐步把微信营销体系体、流程化、效果最大化。

以上大部分内容是理念，难免会显得有些虚，但这五点，的的确确是微信营销中应该特别注意的五点。

第四部分

案例

成功有成功的方法，失败有失败的教训。在这一章里，我们通过一些经典案例，来看看全联接时代的新媒体营销究竟该怎么玩。

案例

案例 1：看过大篷车移动发布秀 你还认为华为不懂营销吗？

开手机发布会去哪里？798？国家会议中心？水立方？都 OUT 了，移动时代，手机发布会也可以动起来！

2014 年 8 月 15 日，华为就在青海湖上演了一场“移动”手机发布秀，在行进中的大篷车上发布了其与中国电信重磅打造的 2000 元档年轻手机麦芒 C199。同期，华为还组织了由好声音学员张恒远及来自全国的花粉、高校大学生和资深“驴友”组成的 150 人队伍，一同环青海湖骑行，三天内骑行 199 公里。

拉风的大篷车+浩荡的骑行队，扑面而来的青春气息，华为麦芒 C199 这场“移动”发布秀，让我和我的小伙伴们都惊呆了！这还是我们认识的那个“技术宅”华为吗？

刷墙 VS 大篷车

大概是历史遗留的习惯吧，我们中国人很早就爱上了“刷墙”。一开始是刷标语，后来是刷广告。马路边，厕所里，从三株口服液到脑白金，从淘宝到京东，无论是传统行业还是互联网企业，都开启了各自的最炫刷墙风。

华为这个大篷车创意一出，瞬间把刷墙广告推到了 2.0 版本。真实可见、重复利用率高、互动性强，大篷车所到之处必然引发围观，简直成了华为手机品牌宣传的移动交通站，妙不可言。

在华为中国区消费者业务总裁朱平看来，华为大篷车是品牌下沉地方的重要举措，华为计划让大篷车开启“长征”，走过 20 个城市，行程 1 万 5 千公里。而且每开到一站，都会融入当地轻松好玩的活动，让华为品牌从消费者“身边的陌生人”转变为“熟悉的好朋友”。

大篷车开启“移动”刷墙，在华为看来是品牌下沉，在我看来则是华为更接地气。早年间华为以运营商业务为主，充当幕后英雄。近年来转型与消费者直接照面后，华为曾一度被质疑和轻视，认为其工程师思维做不好营销。此番大篷车一出，有没有让你眼前一亮？还有谁敢说华为只懂技术不懂营销？

年轻人 VS 年轻

年轻人和年轻，很容易被人们混为一谈，但其实一字之“差”，意义大不同。年不年轻，不在年龄，关键在行动。有的人年轻着，他已经老了；有的人老了，他还很年轻！

朱平称，华为麦芒系列手机从第一代产品开始，品牌定位就是“年轻”，而不是“年轻人”。年轻可以是不同年龄层次的用户，只要有一颗年轻的心、有年轻的态度，就是麦芒的目标用户。这是一个聪明的定位，不仅大大拓宽了受众范围，更传达出一种激励人心的正能量，让年龄上不再年轻的人也能感受到年轻。

锋芒毕露，磨砺青春。不露芒刺，哪能受阻？没有砥砺，哪能成长！华为麦芒 C199 手机无论从发布形式还是设计配置，都体现了“年轻，就要锋芒前行”这一理念。5.5 英寸高清大屏、一体化金属机身、2.85 毫米极窄边框、1.4 秒极速抓拍、3000mAh 的大容量电池、支持全球最快的 4G LTE 网络、内置专属定制的好声音 APP……C199 的这些特性，正是这一理念的完美践行。

有了理念还要执行，此次新颖的大篷车发布会加上 3 天 199 公里（与麦芒 C199 谐音）的环青海湖骑行，华为很好地为用户传达了麦芒精神，让他们感受到“麦芒无畏生长”的品牌理念。

产品认同 VS 价值认同

作为面向消费者的企业，获得一次认同容易，获得终生认同困难。这其中区别的关键，就在于用户对企业是处在产品层面的认同，还是形成了价值层面的认同。当然两者并不矛盾，后者是企业追求的终极目标，而前者是实现这一目标的一步步阶梯。

自华为终端转型消费者业务以来，旗下各产品线的用户群体在不断增加。无论是定位年轻的 2000 元档麦芒系列、还是代表高端旗舰的 P 和 Mate 系列，以及镇守千元智能大屏手机市场的 C 系列，都积累了大批华为粉丝

"花粉"。在朱平看来，"'花粉'不会仅仅是因为产品认同，更多的是价值认同。"

与普通手机厂商用拿来主义、模仿主义做产品的思路不同，华为自身拥有雄厚的技术优势，可以走"差异化"的路线。凭借自身研发优势，推出融合自主创新成果的产品，这是华为的核心竞争力，也是华为有铁杆"花粉"的理由。这种从价值层面产生共鸣用户，我相信是比任何靠互联网思维获取的用户都要牢靠的。

可以说，无论是品牌定位还是营销形式，以及深度价值的挖掘，华为都做得有声有色，业界再也不能等闲视之了。

延伸阅读：华为大篷车，中国电子产品界的救赎之旅？

又是噱头！这是很多人在听到"以行践言——华为手机品牌之旅"，也就是"大篷车"活动后的第一反应。所谓"大篷车"活动，就是将要推广的手机，如荣耀发布的新款手机，以流动的、现场的、可感知的形式直接展现在消费者面前，其营销载体则是大篷车。

没错，这是噱头，不过，哪一个商家推出的活动不做噱头？商家活动的本质就是销售，商品销售的本质就是流通。尽管华为大篷车活动是一种相对较新的活动，但从最后的效果来看，堪称一个持久的、诚信的、新颖的零距离营销模式，甚至有媒体认为，与那些陈旧的、虚假的和平凡无奇或者脱离实际的营销模式相比，这不仅是一场创新，甚至是一场改革，一种救赎！

这种观点是否有些夸大其词和危言耸听？个人感觉，还要结合实际来看。纵观近些年我国的消费电子产品界，技术的拼争和外观的博弈始终是孜孜不倦。一家企业勇于向前，这一点确实是可圈可点，值得称赞。但是很多公司的销售方法和理念，笔者真心不敢恭维，甚至还带有一丝的鄙视。尤其是那些从企业级 IT 半路杀进消费市场的公司。

在此简单罗列几点我国电子产品惯用的销售手段和模式，以证实笔者的观点。

1. 台前夸大，台下维护

此种方式惯用的手段就是在各类媒体平台夸大其产品的优势和特点，等消费者购买使用后觉得没有宣传的那么好时，售后人员会巧舌如簧地引经据典来解释原因或者低调处理。

2. 玩命高端，拼命砸钱

代言人请最红的，广告要怎么烧钱怎么拍，这是一些商家为自身品牌和产品刻意营造的一种贵族化和国际化的一种印象。但毕竟是外强中干，宣传花哨，产品品质一般。

3. 优惠促销，遍地羊毛

与同行之间打价格战，有种不亏本势不休的架势。过度的价格战自然会一定程度上拉低产品的质量或者性能，最后吃亏的还是消费者。

诸如上面的促销手段和广告模式还有很多，在此就不一一列举。但是无论哪一种，都是站在卖方或者是同行的角度，而没有一种是真正站在消费者的角度去考虑。

可能很多人会质疑，无论是何种促销手段，都是为了取悦消费者呀。而且消费者有选择买或不买的权力呀。

事实上，无论何种广告和促销，目的都应该是：

一、用新颖的，良性的形式吸引消费者眼光；

二、零距离地与消费者互动，体验与问答完美统一；

三、售前做到极致，售后双方安心；

四、卖家只负责产品介绍和展示，而不是输出售卖意识。

以上几点才是商品，尤其是消费级电子产品应该遵循的促销模式，如果你觉得闻所未闻，我也不会感到不可思议，因为我们都被国内的电子产品销售模式“绑架”甚至“强暴”了好多年，看似自愿，实则无从选择。

反观此次华为的大篷车活动，不得不说，以上几点都具备，而且在国内市场整体促销手段浮躁和畸形的情况下还能持续、有序、健康地举办下去，不得不说是一场近乎于营销革命的改革。消费者通过此类活动会体验到一种前所未有的“上帝”模式，放心大胆地体验，心无挂碍地提问，自主自尊地购买。

活动模式挺牛，产品到底如何呢？

这个问题也是我们这些媒体的从业者和评论者最迫切关注的。无需去官方查询产品的检测数据，最直接也是最有效的方式即是逆向判断。

一、假设华为的产品不好，性能较差，那么大篷车活动不可能持续的进行又持续的火爆。

二、能举办出此类优秀、创新的促销活动的商家，肯定具备良好的商业素养和企业责任心。

三、产品如何，商家说了不算，媒体说了也不能全信，数据分析云山雾罩……看事实，看那些可以见到的，甚至是可以触摸的事实。

据市场研究机构 IDC 公布的数据显示，2016 年第二季度，华为手机的出华量已跻身全球前三，仅次于三星、苹果。在国内市场，华为手机的表现更加抢眼，不仅力压小米、OPPO、VIVO、联想等实力国产品牌，还反超苹果、三星等国际巨头，交出了出货量及市场占有率双第一的好成绩。更值得一提的是，近几年华为一直是全球出货量增速最快的手机厂商。显然，华为能取得这样的成绩绝非偶然！

在此，笔者由衷地给华为的大篷车活动点个大大的赞。它不仅将华为的产品和企业精神完美的延续到了消费者的内心，更是向陈旧的、浮躁的国内市场进行提醒，再不改革，就该被革命了！

极客网总编辑，知名 IT 产业分析师朱飞表示，华为大篷车活动是华为代表同行向消费者进行的一场带有深深歉意的救赎，如此“上帝”般的感觉，是消费者早就应该享受到的，却迟到了那么久。

案例 2：互联网+时代的营销怎么玩？开放+创新可四两拨千斤

2015 年 10 月中下旬，如果你是 IDG、爱奇艺、百度、优酷土豆、Bluefocus、FreeS Fund、K11、Uber、欧莱雅的员工，或者你的微信朋友圈、微博好友圈有上述公司的朋友，那么你一定被一场名为#Sugarlady 随时随地拗造型大赛#的营销活动刷了屏。

笔者身处互联网科技和金融圈，同时又是自媒体人，更是被分批次、多角度刷了屏。

是什么样的营销活动引发了这么一场参与者众、传播无死角的刷屏行动？是什么样的巧妙设置让一场营销活动不单纯依赖大V推动而引爆微博和微信朋友圈？这场魔性十足的事件营销对市场营销人到底有何启示？笔者试着为您解读。

事件还原：爆红的 Sugarlady 随时随地拗造型大赛

先来还原一下#Sugarlady 随时随地拗造型大赛#营销事件的始末。其实这是一场游戏玩法的比赛，比赛规定女生们可以三人成团报名，Sugarlady 会派骑士将整个试衣间及当季最热单品及配饰搬到参赛者的办公室，骑士陪同参赛者试衣后，再由专业摄影摄像师完成大片的拍摄，然后每家公司的参赛作品放到网上让网友评比，最终优胜团队将赢得价值 5 万元的 Sugarlady“整间衣橱”服饰大奖。

第一阶段：13 日上午开始，多名网友发现四位外国帅哥出现在上海外滩附近街拍，他们西装革履、帅气逼人，引发路人拍照、合影、分享。

第二阶段：13 日下午起，四名帅哥带着造型师及拍摄团队分别突然“闯入”IDG、爱奇艺、百度、优酷土豆、Bluefocus、FreeS Fund、K11、Uber、欧莱雅的办公室，现场搭建试衣间，邀请公司美女现场造型、换装，之后拍摄大片、合影留念，随后“扬长而去”。

第三阶段：15 日，在淮海路 K11 门口，四名帅哥化身骑士开道，引领一辆超长悍马车，带着拍摄团队在 K11 门口街拍，引发路人驻足观看，一度造成交通拥堵。上海知名博主“happy 张江”和“逗逼女王”加入“围观”，开启网络传播。

事件过程就这么简单，然后就火得“一塌糊涂”。当然，这背后的准备工作可以想象并不简单，譬如拍摄团队与他们闯入的九大公司的合作默契，淮海路亮相车队的安排与交通协调等。“台上一分钟，台下十年功”，每个行业都遵从此理。

开放的力量：独乐不如众乐，众人拾柴火焰高。

看完简单的过程，相信在某些层面你也受到启发了。没错，在笔者看来，Sugarlady 这一事件营销成功的第一大要素便是“开放”，通过营造一种格调，搭建一个开放平台，让有地位、重名望的 IDG、爱奇艺、百度、优酷土豆、Bluefocus、FreeS Fund、K11、Uber、欧莱雅这些品牌都加入进来，放开心态，协同传播，共襄盛举。

表面上看，这是 Sugarlady 站在第三方角度攒了个局，让品牌们一起来玩一个游戏，为自己站台。实际上，这是十大品牌联合起来，在注意力极度稀缺的时期一起通过一场活动，有格调、跨行业、大范围地展示了各自公司形象、输出了品牌价值。值得一提的是，这些品牌中还有互为竞争对手的。

这种联合有以下几个好处值得深究与借鉴。

首先，它不再是传统生硬、死板的品牌联合宣传，品牌们不再会去计较各自在新闻稿中的出场顺序及版面多少问题，而是大家都身在一场游戏中，互为盟友、协同共赢，向各自的客户、用户展示自己阳光、开放与创新的一面。

其次，在传播上，除了牵头方 Sugarlady 的宣传造势外，事件本身会驱动参赛者拉票、驱动参赛品牌及其员工作为传播种子，第一时间激发最广泛的次级传播。可别小看了这一点，在这个事件营销层出不穷的时代，太多靠大 V 驱动的营销事件早已让观众见怪不怪甚至心生排斥，而员工广泛传播的实际效果不言而喻。

最后，十大品牌联合行动本身就是一个很大的话题，足以引发媒体的跟进报道和非直接相干用户的围观分享。而正经品牌搭上“试衣间”这样的敏感话题，配上别样、正能量的玩法，又制造了社会性话题，引发计算之外的自发围观与传播。

创新的本质：拿出诚意，直击内心

谈完开放的重要性，当然不能忽视事件活动本身的含金量，即营销活动自身的内在创新。否则，一个平庸的想法也不可能打动这么多大牌参与进来一起玩。营销的前提，是不能为了营销而营销，特别是在这个信息爆炸、审美疲劳、注意力严重稀缺的时代，事件营销一定要走心：拿出诚意，直击内心。

#Sugarlady 随时随地拗造型#这起案例中，诚意表现在各种实打实的“道具”的使用——俊朗的外籍男模、加长版豪华悍马、时尚衣橱、换衣间、专业化妆师、专业摄影师……高格调的活动定位是获得大牌伙伴支持的首因。而直击内心更为重要，本起案例中，随时随地拗造型的定位无疑击中了白领女士们的内心——对时尚、美丽和精致生活的追求。最终，参赛夺奖倒是其次，享受超级帅哥、专业化妆师的服务，被专业摄影师聚光灯笼罩，被万千好友传播点赞，是何等的满足！

在以碎片化、个性化内容消费为主要特点的移动互联网时代，好的营销等于产品成功的一半。而好的营销案子，本身也要像打造产品一样倾注心血去创新：力求诚意出品，不粗制滥造；不虚张声势，力求直击内心。这是“道”的层面的东西，尤其应当注意。

结语：

也许有人还在说，“互联网+”就是一噱头，互联网思维不是万能的，互联网至多是宣传和销售的一个渠道，谈不上对行业的深度改造。我要说的是：企业若能深刻领会互联网作为一种宣传和销售渠道并把它用好，就已经足够了。开个微信公众号不是真正的互联网思维，真正拥抱互联网，需要开放的心态和创新的思维，让你的“微信公众号”活起来、走进用户内心深处去。Sugarlady 的“拗造型”营销活动玩转了这两点，是一个不错的成功案例，值得每一位市场营销人员们研究学习。

案例 3：借贷宝营销造势不输 Uber，然后呢？

“出资 20 亿，推广一个 App”，这样的任性豪赌，富贵如马云在强推“来往”时也不曾玩过。而 2015 年，互联网金融行业一家名叫九鼎投资的，就要干这么一个事。

据极客网获悉，九鼎投资斥资 20 个亿要推的，是一个名叫“人人行-

借贷宝”的 APP。九鼎喊出的口号是“人人办金融，人人都是金融家”，号称要狂送 20 亿注册返现现金，并且其产品具备空手套白狼的“白赚利差”功能。

豪砸 20 亿搞“传销式”推广

九鼎这 20 亿打算怎么花呢？“传销式”推广：A 注册得 20 元奖励，A 推荐 B 注册 A 得 20 元，B 推荐 C 注册 A 得 10 元……每个人都拿他下面的二级注册用户的一半的推荐奖励，裂变式增长。与传销不同的是，这里不需要先自掏腰包吃进货品，属于空手套白狼。

我们据此算了笔账：如果一个月 A 自己直接推荐 100 人，每个 20 元就是 2000 元。如果 A 能指导协助 100 人每人也发展 100 个注册会员，A 的第二层就有 10000 人，每个奖励是 10 元就是 10 万元。结果是：A 每月能拿到 100200 元。

当然，如果每个人都能月赚 10 万，那九鼎 20 亿推广费也只能抓到 20000 用户，这显然不可能。而假使每人只赚 2000，那么借贷宝能聚到 100 万用户。

有如此利益在前，微信、QQ、贴吧、论坛里已经有大量各方人士摩拳擦掌，等待 8 月 8 号开始抢钱。

白赚利差量产“黄牛党”

单是上面这一条，已经足以让借贷宝占据网络舆论暴风眼了，何况借贷宝还加了另一个“噱头”：白赚利差。

什么意思呢？借贷宝宣传的模式是熟人圈实名借款，匿名出借，出借人自定义金额、利率、期限，“黄牛”借款人可以低息借入，高息借出，从中赚取利差。因为出借人是实名，且每个人熟人圈关系不一样，给赚利差提供了土壤。

此招一出，随即吸引了大批黄牛党的注意，超低门槛简直暖到他们的心窝里，惹得普通网贷投资人也跃跃欲试。从理论上看，这简直就是稳赚不赔的干活，难怪各方蠢蠢欲动。

有上述两大超级爆点，九鼎再辅以铺天盖地的网络媒体和社交平台营销，制造“期待的、怀疑的、吐槽的、批判的阵营和声音”，活生生把借贷宝打造成一个现象级产品。2015 年 8 月 1 日～7 日短短七天，借贷宝百度指数高达 10948，环比增加 644%，远超人人贷、红岭创投等网贷平台同期的关注度。

借贷宝营销悖论：知名度越好，美誉度越差

不得不说，借贷宝的营销造势能力非常强，综合表现一点不输互联网新秀 Uber。然而，巨大的市场声量，并没有给借贷宝带来美誉度，相反，伴随着持续的广告轰炸，借贷宝成为了当下互联网金融领域争议性最大的平台之一。借贷宝的营销看似非常成功，实际上又存在一个悖论：知名度越好，美誉度越差。巨额的营销、广告投入，让借贷宝在最短的时间内家喻户晓，也让人们开始注意到它的风险。

（1） 20 亿好砸，怎么赚回是个问题？如果赚不回，如何撑下去？不管是传统的“羊毛出在羊身上”，还是互联网创业的“羊毛出在猪身上”，总得有个出处啊！假使借贷宝真的按 2000 元的获客成本花光 20 亿获得 100 万用户，其用户量也只不过排在 P2P 平台前十开外了。排在前面的那些公司，绝不敢轻言 3-5 年内赚取 20 亿净利润，借贷宝也不行。一旦资金链断裂，后果不堪设想，最终受伤的还是投资人——包括真实投资人和黄牛投资人。

（2） 因为有了第一点的担忧，借贷宝砸钱营销吸引来的用户必定不敢放开胆子玩，后续的投融资行为极有可能“起于黄牛，终于黄牛”。当平台上 100 万用户的绝大多数都是黄牛时，就再也没有供黄牛们“拔毛”的菜鸟了。这样一来，20 亿营销最终换来的可能仅仅是短暂繁华，真实用户不生蛋，黄牛们则利尽而去。

（3） 借贷宝的熟人圈借贷模式存在致命问题。熟人借贷在中国一向被认为是一大禁区，“好面子”、“坑的就是朋友”等“标签”注定它难以成功。借贷宝虽然规定了“实名借款，匿名出借”但这种单向信息披露很容易就被打破——六度空间显示，“你和任何一个陌生人之间所间隔的人不会超过六个”，朋友间只要随便查一下社交网络就知根知底了。

所以，个人认为，把借贷宝的营销方式当成一个成功营销案例是个错误，在强调口碑的当下，声量大，并不一定就是成功。互联网时代，无论是什么行业，什么产品，只有赢得大众用户的普遍美誉度，品牌营销才算成功。从这个角度看，借贷宝的营销不仅不能说成功，反而是失败的。当然，借贷宝的品牌问题，不能完全归咎于传播手法。但至少，营销人员没有考虑到传播手法与品牌气质、行业属性的完美结合，也没有控制好声量放大的节奏。

通过这个案例我想强调的是，声量大不代表影响力大，知名度高也不代表美誉度高。而新媒体营销的核心恰恰是影响力和美誉度，营销人员不能弄错目标，徒劳无功！

案例 4：2016 亚洲消费电子展上中国厂商的营销败局

2016 亚洲消费电子展（CES Asia 2016）就要开始了，尽管距一月份 CES 美国展会举行还不到半年，但 CES 亚洲版的吸引力和吸金力依然强大——根据主办方公布的数据，截至目前已有来自全球 23 个国家或地区的 350 多家参展商确认参加本届展会，展厅也从 2015 年的两个扩大至 2016 年的四个。

毋庸置疑，在庞大的参展商群体中，来自主办地所在地中国的厂商在数量上占据了主导地位——即便在一月份的 CES 美国，据信中国厂商的比例已经占到 1/4 到 1/3。尽管 2016 亚洲消费电子展本质上并不是亚洲或中国消费电子厂商的定制版，而是全球消费电子厂商向亚洲市场展示产品机会，但毫无疑问，占主场之便的中国厂商都想当这届展会的主角，纷纷磨拳擦掌。

从展会开始前的两周起，笔者的邮箱就陆续收到了各大厂商的关注、造访站台、听发布会、采访等邀请邮件（注：本次笔者是以百度百家专栏作者和极客网主编双重身份受邀参加此次展会的）。从收件比例来看，超过 80%是中国本土的厂商，其余 20%是来自美国、法国、韩国和新加坡等地的厂商。

背景交待完毕，回到标题，我要吐槽几个在 2016 亚洲消费电子展开幕前夕，我看到的中国厂商做表现出来的糟糕的现象了。

被误用的邮件群发

在收到的邀请邮件（本质上很大一部分只算得上是通知）中，我发现有相当比例的采用了群发——是那种明显的没有设置＂分别发送＂的群发，我和很多业界媒体或自媒体人的邮箱被发件人间接地＂开源＂了，裸露于本来就不大的科技媒体圈子。

从我在外企受到的培训来看，这种＂公开的群发＂是不礼貌的，属于职场工作失误。正确的操作方法应该是——设置分别发送，或者建立一个只有己方可见的媒体人邮件组，向这个组发送邮件。当然，最好是有针对性地单独发送。

无需隐瞒，也许是占比太高，这种现象只是在国产厂商发给我的邮件中有出现，而来自韩国、新加坡和法国等地的厂商均没有犯这个错误——它们都设置了分别发送，或干脆单独发送——相当一部分邮件的行文中还充满个性化定制的说辞（如“我了解到您对机器人特别关注”），显然是单独发送的——这让我肃然起敬，心中顿生“外国月亮比中国圆”的错觉。

还有一些群发虽然避开了“明码”群发，但暴露了其他的问题。譬如，有一些人把群发对象设置了暗送，收件人填写了他/她的上司；还有的，怕没收到似的，隔不了一个小时再发一遍……

被忽视的少即是多

吐槽完邮件礼节，再来谈谈推销的艺术。这里的推销，指的是发件人在邮件中展示的礼节之外的内容。不得不再一次妄自菲薄，我发现中国厂商在这个问题上也犯了严重的错误——追求多多益善，忽视了少即是多。

怎么讲？中国厂商发给我的邮件，十有六七都是带有附件的，邮件正文也是一大堆东西——从公司介绍到产品介绍再到本次展会展品亮点——总是想一股脑儿都塞给收件人。

为此我特地回头翻看了一家韩国、一家新加坡和一家法国企业给我的邀请邮件，发现它们居然都有一个共同点：开篇简单介绍自己和公司，然后就是展会展品的要点——而且均是采用列表写要点的模式写出两三个看点，更多详情都会附一个官网链接就完事。

这点做法上我又一次倾向了老外的模式，我想他们真正懂得什么是少即是多，“此时无声胜有声”。

其他还有一些在我看来不算高明的操作——譬如加微信拉媒体群，顷刻之间一两百人集结起来抢小红包说奉承话消磨时间；又譬如发送精美图片版邀请函，而本质上这个图片除了重复文字内容外别无他用，更不能用它当作参会的凭证……如此种种，都让我这个先后在甲方乙方都呆过的营销型媒体人感到诧异——咱们中国企业也没少走出去参展参会，难道就没有学一点先进经验、普适逻辑吗!?

做产品讲人性，做营销也要讲人性

做产品要讲人性，做营销也要将人性，而人性，很大一部分就体现在真正把对方当人看——而不要只想着自己爽了就提裤子走人。大凡如此，个人成长和企业发展都难有大成，或者即便依托某些政策或市场风口一朝做大，他日也难免陷入无休止的舆论漩涡中。

失败者的原因有千千万，但成功者总有些共同的基因。

参加亚洲消费电子展等国际展会时，中国厂商们要以正确的姿势参与到国际范围内的交流中，师夷长技以自强，而不是只想着秀肌肉、走过场。

案例 5：对飚电商 618，飞凡奏出“实体+互联网”最强音

往年的 618 年中购物狂欢节，都是阿里、京东、苏宁和国美们的天下，它们在年年岁岁的“撕拼”中活生生地把京东的 618 店庆日打造成了一个公共的年中购物大趴，成为影响力不输“双十一”光棍购物节的另一场网络消费盛宴。“网购”这两个字，也俨然成为了新消费的代名词。

2016 年，不同的是，以“实体+互联网”为基因的飞凡商业联盟，携旗下 3000+实体商业，浩浩荡荡杀入 618，宣称要挟海量线下场景式消费之优势和天文数字的营销投入，对飚阿里、京东等传统电商，让人们回归线下消费，最终开启一个线上线下商业深度融合的新电商时代。

说来也巧，历时多年的中国电商大战，恰巧是一群“动物”之间的大战，难怪会“兽性”十足。不信你看——阿里旗下天猫的形象是一只猫，

京东的形象是一只狗，苏宁是一头狮子，国美则是一头老虎。更巧的是，新加入战团的飞凡，其形象是一头蓝鲸（按百度百科的说法，蓝鲸是最大的鲸类，也是最大的哺乳动物，生活在海里）。

当猫、狗、狮、虎们你追我赶、你堵我截地进行“圈内 PK”时，生活习性完全不同（对应着模式完全不同）的蓝鲸以“百城千店疯狂年中庆”为口号强势杀入。618 期间，飞凡商业联盟携手将 3000+商业联盟成员举办一场“全国实体品牌联盟规模最大、渠道最全、步调最统一、线上线下同步”的大型营销活动，堪称奏出了“实体+互联网”的最强音。

实体 VS 互联网，在中国一直便是一个为人津津乐道的话题，飞凡此番花大力气组织 3000+实体和电商平台们“扳手腕”，该怎么唱好这台戏，以后起之秀之姿跻身行业及社会舆论关注主流阵地呢？

极客网给出了独到的新媒体解决方案，概述起来讲就是：一个深度定制专题、一个锐话题争鸣。当然，随之产生的还有：两个别出心裁、耳目一新的落地页，10 篇高举高打的文章，10+意见领袖的观点点评，1000+专业读者的票选及评论……而所有这些，均通过极客网网站、自媒体渠道以及网络自发转载，得到广泛扩散和传播。

通过客户诉求和市场调研，我们决定用一个高屋建瓴、高举高打的专题，通过生动形象的信息图串联 5 篇重磅文章，一目了然展现出飞凡“实体+互联网”的独特定位，讲清楚它与传流电商的区别，并结合消费者行为的改变，以及各大平台针对这一改变做出的殊途同归的应对之策，大胆预测一个未来商业的最终走势，即：我们即将进入线上线下商业深度融合的“新电商时代”。欣慰的是，首次加入 618 战团的飞凡最终交出了 5 亿客流量、10.48 亿 APP 访问量、120 亿元销售额的骄人战绩，一定程度上印证了我们对未来商业走势的预判。

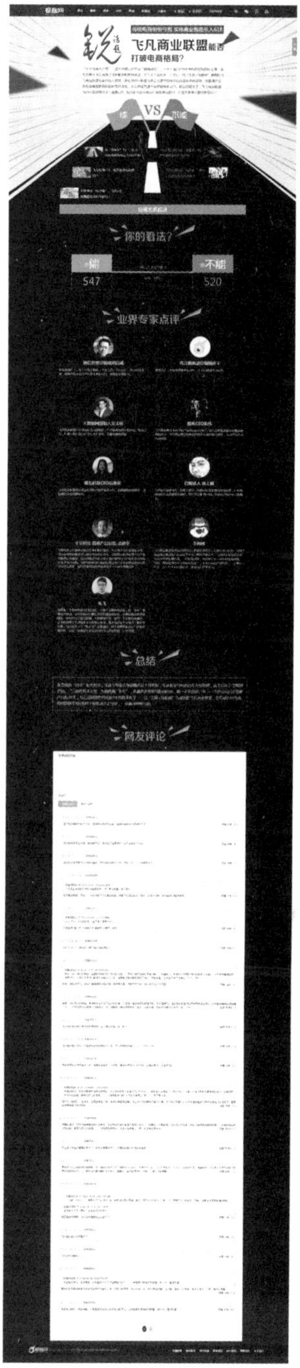

专题：飞凡联合 3000+购物中心重塑实体生态

链接：http://www.fromgeek.com/special/149/

链接：http://www.fromgeek.com/topic/5.html

“灯不拨不亮，理不辩不明”，作为 618 购物狂欢节的新面孔，飞凡想要“一炮而红”，必须弄出更大的动静。《孙子兵法》势篇中讲到要“奇正相生”，如果说上面的专题是“正”，那么锐话题就是极客网为飞凡奉上的“奇”。在注意力极度稀缺的当下，我们认为带有争论性、思辨性的话题争鸣是不错的选择。为此我们广邀业界专家、自媒体大 V 前来“撕拼”，通过长的文章、短的点评，共商未来商业发展大势。

总之，通过一正一奇的新媒体内容及表现形式，极客网一定程度上帮助飞凡，借首次杀入 618 年中购物节之机，奏出了“实体+互联网”的最强音。